KB251926

하나님의 말씀

전광훈 목사 설교의 인류사적 의미

“모세가 쓰고 바울이 해석한 성경이
2천 년 만에 드디어 열리다.”

1. 성경의 원리를 밝혀냄

성경은 모세가 쓰고 바울이 해석했습니다. 모세는 시내 산에서 바울은 셋째 하늘에서 하늘의 설계도를 보았습니다. 이 설계도의 주제는 그리스도입니다. 모세는 시내산에서 내려와 모세오경을 쓰고 성막을 지었고, 바울은 셋째 하늘에서 내려와 바울서신 13권과 부형의 교회론을 완성했습니다. 같은 설계도를 보았기에 모세오경과 성막, 바울서신 13권과 교회론은 같습니다. 주제는 예수 그리스도입니다.

그런데 모세가 쓴 성경의 의미가 닫혀 있다가 바울에게 와서야 비로소 열렸는데 이것이 다시 닫혔다가 전광훈 목사가 밝혀낸 것입니다. 즉 모세오경은 바울식으로 읽어야 성경의 원색적 의미가 뚫린다는 것입니다.

2. 오직 성령의 통로로

성경은 성경으로 풀어야 합니다. 이것이 바로 종교개혁자들이 주창한 성경의 자명성(cross evidence)입니다. 딤후 3:16 말씀과 같이 모든 성경은 하나님의 감동으로 된 것입니다. 성경은 오직 성령의 통로로 풀어야 합니다. 이것을 전광훈 목사는 강조하고 있습니다. 그의 〈생각의 3대 통로〉라는 설교 시리즈가 바로 그것입니다. 그리고 대다수의 신학교에서 가르치고 있는 성령세례는 없어졌다 혹은 있긴 있는데 중요하지 않다는 주장에 대해서 오직 성령의 통로, 성령의 나타남을 강조하는 것이 전 목사님의 위대한 공로입니다.

3. 복음의 7대 단추 명시

성경의 주제(요 5:39), 성경의 기록목적(요 20:31), 성경의 내용(눅 24:27)은 모두 예수입니다. 예수의 별명이 복음입니다. 전광훈 목사는 예수께서 이 땅에 오셔서 하실 7대 구속 사역을 명쾌하게 정리하여 밝히고 있습니다. 탄생의 연합-고난의 연합-죽음의 연합-부활의 연합-승천의 연합-재림의 연합-천년왕국의 연합.

4. 하나님의 구원 역사경영

성경을 100이라고 할 때 99는 다 위에서 말한 이 땅에서 행하실 예수의 7대 구속 사역입니다. 그리고 나머지 1 남짓

한 내용이 바로 이 땅(아담의 나라) 이전 있었던 천사의 나라, 그리고 아담의 나라 후에 도래할 메시아 나라를 말하고 있습니다. 천사의 나라-아담의 나라-메시아 나라로 하나님의 구원 역사경영 사이클을 명시한 것도 전광훈 목사의 공로입니다. 알지 못하면 말하지 못합니다. 말하지 않는 것은 믿지 않는 것입니다.

이 밖에도 수없이 많으나 지면 관계로 이 정도로 줄여 말씀드립니다.

이 글은 일전에 목사님의 설교에 대해 말해 달라는 미국 모 대학 총장님의 요청에 따라 작성한 글입니다. 전광훈 목사님이 무도하게 구속된 상태인 지금 〈하나님의 말씀〉에 부치는 목사님의 서문을 대신하여 이 부족한 글을 싣게 됨을 밝혀드립니다.

주여! 긍휼히 여기소서.

2026년 3월 31일
청교도신학원 교회사 교수
전광훈 목사 설교 시리즈 구성·편집인
류금주 드림

할렐루야! 전광훈 목사님의 다섯 번째 설교집『하나님의 말씀』이 드디어 출간되었습니다. 전광훈 목사님의 설교 시리즈는 대한민국과 세계를 향한 하나님의 놀라운 축복입니다. '모세가 쓰고 바울이 해석한 성경'이 성경 기록 이후 2천 년 동안 닫혀 있다가 전 목사님을 통해 그 원색적 의미가 드디어 열렸습니다. 전 목사님께 성경을 열어주신 주 하나님을 찬양합니다. 그리고 목사님의 설교집을 읽는 모든 분에게도 성경이 활짝 열리기를 축원합니다.

이번에 출간된 전광훈 목사님의 설교집『하나님의 말씀』은 세계 사상의 미래를 새롭게 바꿀 놀라운 말씀입니다. 〈하나님의 말씀〉 설교는 전 목사님의 명설교 "이성의 불완전"과 함께 미국 유수 대학 하버드대학교 세계사상연구소에 연구 소재로 들어가 있습니다. 이 연구소는 인류의 미래에 영향을 미칠 만한 새로운 사상들을 발굴하여 연구하는 곳인데 전 목사님의 설교가 이 연구소에 연구 대상으로 들어간 것입니다. 〈하나님의 말씀〉 설교는 말의 위력이 어디에 근거하는가 하는 문제에 대해 근본을 꿰뚫는 설교입니다. 이 설교 시리즈의 핵심 본문은 "내 말이 곧 영이라" (요한복음 6:63) 하신 주님의 말씀입니다.

전광훈 목사는 이 본문에 근거하여 하나님의 말씀의 위력을 설명합니다.

첫째, 사람의 육체 안에는 영이 살고 있다.
둘째, 영은 생각, 감정, 의지 곧 지·정·의를 가지고 있다.
셋째, 영이 육체 밖으로 나올 때는 말을 통하여 나온다.
넷째, 말에 통해 나온 영은 듣는 사람 속으로 들어가 그 사람의 영이 가진 생각, 감정, 의지에 각각 연합한다.
다섯째, 사람의 말을 듣고 그의 지·정·의와 연합된 사람에게서는 말한 사람의 능력이 나타난다.
여섯째, 하나님은 영이시며, 사단도 영이다.
일곱째, 따라서 이러한 원리는 사람의 말뿐 아니라 하나님의 말씀, 사단의 말에도 동일하게 적용된다.

전광훈 목사는 성경은 여러 곳에서 하나님의 말씀과 연합된 자에게서 하나님과 방불한 능력이 나타난다는 것을 증언하고 있다고 역설합니다. 그리고 하나님의 말씀과 연합한다는 것은, 즉 예수께서 말씀하신 '내 말이 너희 안에 거한다'

는 것은 우리의 지·정·의가 하나님의 말씀의 지·정·의에 완
전히 삼킨 것을 말한다고 전 목사는 강조합니다.

　국부 이승만 대통령을 통하여 자유대한민국을 건국하신
우리 주님께서 동방의 이스라엘인 우리 한국인에게 맡기신
사명은 특별합니다. 예수 한국 복음 통일 이루어 선교 한국
의 길로 나아가야 합니다. 주님 재림 전 이방인의 대대적 회
개가 일어날 때 우리 자유대한민국이 제사장 국가로서 사명
을 감당해야 합니다. 그 사명 감당의 한 통로가 이『하나님
의 말씀』설교집과 이후 계속될 '전광훈 목사 설교 시리즈'가
되기를 주님의 이름으로 축원합니다. 할렐루야.

2026년 3월 31일
전광훈 목사 설교 시리즈 5『하나님의 말씀』
구성·편집인 류금주 드림

차례

서문   3
편집자 서문   7

01   내 말이 곧 영이라   17

I. 육체 안에는 영혼이 살고 있다   18

1. 육체 안에 살고 있는 영혼   18
2. 영혼의 세 가지 기능   19

II. 사람의 말   20

1. 말을 통해 육체 밖으로 나오는 영혼   20
    1) 말이 영이다   20
    2) 세계 사상의 미래를 바꿀
       전광훈 목사의 〈하나님의 말씀〉 설교   25
    3) 사람의 말에는 영이 실려 있다   26
    4) 말에는 영의 지정의가 녹아 있다   27
2. 말은 다른 사람 속에 들어가 영을 만진다   30
    1) 말은 다른 사람 속에 들어간다   30
    2) 말을 다 받아들이면 안 된다   33
3. 말은 연합을 일으킨다   35
4. 사람의 사람   38
5. 말의 위력   40

III. 하나님의 말씀   42

1. 하나님의 말씀은 영이다   42
2. 하나님의 말씀도 사람 속에 들어간다   45
3. 하나님 말씀과 연합하자   52
    1) 내 지정의를 말씀의 지정의에 넘기자   52
    2) 아멘 하자   56
4. 내 말이 너희 안에 거하면   57
    1) 기적 폭발의 조건 : 말씀의 지정의에 삼킨 바 됨   57
    2) 말씀에 삼킨 바 된 위인들   58
    3) 말씀이 붙으면 역사가 일어난다   61
5. 믿음 소망 사랑 - 하나님 말씀의 지정의가
    나를 삼키면 나타나는 현상   64

Ⅳ. 하나님 말씀으로 승부를 보자 ... 69
  1. 말씀을 보내어 사람을 고치시는 하나님 ... 69
  2. 말씀을 암송하자 ... 74

02 말씀의 뜻을 알고 받아들이자 ... 78

Ⅰ. 이번 주 주제 : 하나님의 말씀 ... 79
  1. 사람의 말은 영혼을 싣고 나온다 ... 79
  2. 말과 연합하면 능력도 공유 ... 80

Ⅱ. 하나님의 말씀은 영이다 ... 82
  1. 하나님의 영은 말씀을 통해 나온다 ... 82
  2. 하나님 말씀과 연합하자 ... 83
  3. 말씀을 받는 자세를 바로 갖자 ... 86
  4. 사람 속으로 들어간 말은 연합을 일으킴 ... 90
    1) 사람의 능력이 나타남 ... 90
    2) 하나님의 능력이 나타남 ... 91

Ⅲ. 마귀의 말 ... 93
  1. 마귀의 말도 사람 속에 들어가 연합한다 ... 93
  2. 마귀와 연합한 사람은 마귀 ... 94
  3. 보혈의 피로 영적 싸움에서 이기자 ... 96
    1) 대부분의 인간은 사단과 연합됨 ... 96
    2) 간증 : 대구 홍찬주 귀신 추방 ... 98
  4. 물 없는 곳을 공격하는 귀신 ... 103
    1) 물 없는 곳 : 말씀이 없는 심령 ... 103
    2) 귀신을 쫓아내는 서미영 사모의 반주 ... 104
    3) 간증 : 샌안토니오 부흥회 ... 106

Ⅳ. 사단이 사람을 틀어쥐는 순간은? ... 109
  1. 생각을 찔러넣는 사단 ... 109
  2. 말씀의 뜻을 알고 받아들이자 ... 111
  3. 말씀을 이해 못 하면 사단의 밥이 된다 ... 114
  4. 아멘 안 하면 가룟 유다의 성찬식이 된다 ... 116
  5. 아멘 하도록 성도들 입을 강권하여 열자 ... 118

03 좌우에 날 선 검   123

I. 영은 말을 통해 나와 사람 속에 들어간다   124
  1. 말이 영이다   124
    1) 영혼의 3대 기능 : 지정의   124
    2) 말은 사람 속에 들어가 연합을 일으킨다   125
  2. 하나님의 말씀은 영이다   126
    1) 하나님 말씀의 지정의   126
    2) 하나님의 말씀이 사람 속에 들어가 연합을 일으킨다   127
  3. 마귀의 말과 연합하는 자는 사단   128
  4. 하나님 말씀과 연합하자   129

II. 하나님의 말씀을 수행하는 좌우에 날 선 검   132
  1. 좌우에 날 선 검은 하나님의 말씀을 파수함   132
  2. 성령의 검과 천사의 검   133
    1) 성령의 검이 호위 : 내적 변화   133
    2) 천사의 검이 호위 : 외적, 물질적 변화   135
    3) 하나님의 말씀을 실현하는 양 검   136

III. 좌우에 날 선 검의 역사   138
  1. 말씀 선포와 회개 - 성령의 검   138
  2. 복음 선포와 기적 - 천사의 검   140
  3. 간증 - 박경선 이모님 치유 기적   142
  4. 말씀 좌우에 날 선 검이 기적을 일으킴   145
  5. 간증 - 울산집회에 나타난 천사의 역사   148
  6. 간증 - 대구 홍동명 목사가 만난 천사   150

IV. 좌우에 날 선 검을 인정하고 사모하자   155
  1. 하나님 말씀과 연합하자   155
  2. 좌우에 날 선 검을 인정하고 사모하자   156
  3. 말씀의 지정의에 삼킨 바 되자   159

04 내 말이 너희 안에 거하면   161

I. 청교도 말씀을 가르치자   162
II. 말은 사람 속에 들어가 연합을 일으킴   164
  1. 사람의 말   164
  2. 하나님의 말씀   166

3. '내 말이 너희 안에 거하면' - 지정의를 먹힘   167
4. 마귀의 말과 연합한 자는 마귀   169

III. 믿음 소망 사랑 : 주님의 지정의에 붙잡힘   170
1. 주님을 향한 사랑의 폭발   170
2. 새 예루살렘을 향한 강렬한 소망   172
3. 반석 같은 믿음이 일어남   175

IV. 말씀의 지정의에 온전히 먹히자   178
1. 예수에게 사로잡혀 물 위를 걷자   178
2. 의심 말고 끝까지 완전히 삼킴 당하자   182
3. 말씀으로만 하옵소서   184

題目: 하나님의 말씀 (계1:12~20, 단9:27)

사람속에는 3가지가 살 수 있다

나 (갈2:20)
내가살면
① 육신의 정욕 = 물질, 식탐 등등
② 안목의 정욕 = 눈에 보이는것에 끌려가는 것
③ 이생의 자랑 = 자기과시, 우월감을 갖고싶은 본능, 예수를 높이기 위해 말하는 것 외에는 이생의 자랑
♪주 예수보다 더 귀한 것 없네~ 세상 즐거움~다 버리고, 세상자랑 다 버렸네~♬

그리스도 (빌1:21)
그리도가 살면 생명의 역사! 풍성함의 격사!
(요10:10) 생명을 얻게 하고 더 풍성히 얻게 하려는 것이라
♪그러므로 나는 사나죽으나~주님의 것이요~♬

죄=마귀 (롬7:17~20)
마귀가 살면 죽음의 역사! ;도적질 당하고, 멸망 당한다!
(요10:10) 도적질하고 죽이고 멸망시키려는 것뿐이요

나의 지.정.의를 십자가앞에 온전히 내려놓았을때 하나님의 말슫과 연합된다. "나의 지.정.의를 십자가에 못박자!"

내 영혼의 지.정.의가 하나님 말씀의 지.정.의에 속해지는 것!

이것이 내 안에 그리스도가 살게 하는 것!

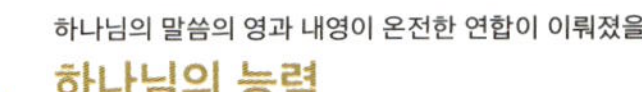

※ **하나님의 말씀**은 살았고 운동력이 있어 좌우에 (말씀을 거스르거나 방해함을 막고 수행,집행을 위해 호위함)날선 어떤 검보다도 예리하여 (천사의 검과 말씀의 검)혼과 영과 및 관절과 골수를 찔러 쪼개기까지 하며 또 마음의 생각과 뜻을 감찰하나니 (히4:12)

※ 구원의 투구와 성령의 검 곧 하나님의 말씀을 가지라 (엡6:10-17)

※ 능력이 있어 여호와의 말씀을 이루며 그 말씀의 소리를 듣는 너희 천사여 여호와를 송축하라 (시103:20)

Q.어떻게? 이 말씀을 받는자에게 어떤 역사가 일어나느냐?

'너희가 내 안에 거하고(하나님의 말씀의 지.정.의와 내 지.정.의가 연합되는 것)
내 말이 너희 안에 거하면 무엇이든지 원하는대로 구하라 그리하면 이루리라'(요15:1-7)

※ **말씀의 생각의 연합**
뭐든 내가 노력하고 애쓰면 될 것 같은'내 생각'이 '아하, 내가 기도를 하면 하나님의 말씀이 내게 와서 좌우에 날선 검으로 기도대로 이뤄진다'고 생각이 바뀐다

※ **말씀의 느낌의 연합**
현재는 이뤄지지 않았지만 이뤄진것같이 기쁘고 감사가 나온다 ex.아브라함

※ **말씀의 의지의 연합**
기도하면 되고, 기쁨도 오고/ 행동과 의지가 이미 이뤄진 상태처럼 선포하고 행동한다
♪ 이눈에 아무증거 아니뵈어도

하나님의 말씀의 영과 내영이 온전한 연합이 이뤄졌을때 "나는 작은예수다!"
하나님의 능력
'하나님 말씀을 받은 사람들을 신이라 하셨거든'(요10:34-35)
ex. 모세 '그가 너를 대신하여 백성에게 말할 것이니 그는 네 입을 대신할 것이요 너는 그에게 하나님 같이 되리라'(출4:16)

마귀의 능력
'그러나 너희 중에 한 사람은 마귀니라 하시니'(요6:70)
ex.가룟유다 '조각을 받은 후 곧 사단이 그 속에 들어간지라' (요13:2, 13:27)

01

내 말이 곧 영이라

<table>
<tr><td>설교 일시</td><td>2017년 10월 30일(월) 저녁 집회</td></tr>
<tr><td>장   소</td><td>실촌수양관</td></tr>
<tr><td>대   상</td><td>청교도 말씀 학교 목사, 사모</td></tr>
<tr><td>성   경</td><td>요한복음 6:63</td></tr>
</table>

63 살리는 것은 영이니 육은 무익하니라 내가 너희에게 이른 말이 영이요 생명이라

Ⅰ.
육체 안에는 영혼이 살고 있다

1. 육체 안에 살고 있는 영혼

아멘. 이번 주의 주제는 한번 따라 하세요. 하나님의 말씀. 자, '하나님의 말씀'이라는 주제로 함께 상고하도록 하겠습니다. 큰 은혜가 되시기를 바랍니다. 큰 은혜 되시고 한번 뒤집어 지시길 바랍니다. 이 나라, 이 민족을 복음으로 변화시킵시다. 할렐루야. 하나님 말씀의 위력을 다 체험합시다. 옆 사람 다 손잡고 다시 한번. 말씀의 위력을 체험합시다. 말씀의 위력을 체험하자. 말씀의 위력을. 할렐루야.

사람 속에는 영혼이 살고 있어요. 영혼이. 사람은 육체 더하기 영혼으로 되어 있다, 이거예요. 인간의 육체 안에는 무엇이 살고 있어요. 인간의 육체 안에는 틀림없이. 사람은 육체로만 된 것이 아니고, 육체 안에 그 무엇이 살고 있다. 한번 따라 합니다. 육체 안에 그 무엇이 살고 있다. 그것을 우리는 뭐라 그러냐, 영혼이라 그래요. 영혼. 영이 살고 있다. 영혼. 영혼이 살고 있다. 이거예요. 동의하십니까? 영혼이 없는 사람은 이건 사람이 아니라 짐승이죠. 짐승과 사람의 차이는 영혼이죠. 영혼이 있다, 이거예요.

2. 영혼의 세 가지 기능

그런데 사람 속에 살고 있는 이 영혼은 세 가지의 기능을 가지고 있다 그랬습니다. 아주 중요한 겁니다. 세 가지 기능이에요. 한번 따라 하세요. 생각의 기능. 영혼은 생각한다는 거예요. 생각. 생각의 기능이 있다. 생각의 기능. 둘째로, 자, 따라 하세요. 느낌의 기능. 그렇지요. 감정의 기능이 있습니다. 감정. 따라 합니다. 의지의 기능. 이 3대 기능을 가지고 있는 영혼이 여러분과 제 속에, 모든 인간 속에 살고 있다, 그런 뜻이에요. 동의하십니까? 할렐루야입니까? 그런데 사람 속에 살고 있는 영혼이 세 가지의 기능을 가지고 있는 영혼이. 다시 한번. 생각의 기능. 감정의 기능. 결정의 기능. 이걸 다른 말로 지정의라는 거예요. 지정의. 다시. 지정의. 힌자로 지징의의 기능을 가지고 있다, 이거예요.

Ⅱ.
사람의 말

1. 말을 통해 육체 밖으로 나오는 영혼

1) 말이 영이다

그런데 지정의의 기능을 가지고 있는 인간의 영혼이 가끔 가다 육체 밖으로 육체 바깥으로 나온다, 이거예요. 영혼이 어떻게 사람 밖으로 나올까? 영혼이 밖으로 나올 때는, 이것이 뭘 통하여 나오냐 하면, 말을 통하여 나옵니다. 말을 통하여. 말은 사람의 영혼을 싣고 나오는 거예요. 그래서 요한복음 6장 63절이 아주 중요한 말입니다. 우리 주님이 초언어과학자입니다. 우리 주님은 초언어의 과학자예요. 자, 한 번 읽어보겠습니다. 시작.

(요 6:63)

살리는 것은 영이니 육은 무익하니라 내가 너희에게 이른 말이 영이요 생명이라

자, 여기 보면요, 살리는 것은 영이니 육은 뭐 하니라? 육체 이거는 무익하니라. 내가 너희에게 이른 말이 곧 무엇이

요? 어떻게 말이 영이 될 수 있을까? 예수님은 벌써 2천 년 전에 우리 사람을 만드신 주인이시기 때문에 벌써 우리 주님은 과학적인, 이 언어 과학의 본질을 주님은 여기다가 딱 박아놨어요. 따라 해봐요. 말이 영이요. 말이 어떻게 영이 될까? 말이 어떻게 영이 되냐, 이거예요. 여러분, 다 받으셨죠? 나한테도 한 장 가져와 봐. 항상 내 거도 한 장 갖다 놓으라니까. 말이 곧 영이오. 따라 하세요. 말이 영이오. 이게 그래서 요한복음 6장 63절이 아주 중요한 말입니다. 이 말씀을 여러분이 기억하기를 바랍니다. 말이 영이다. 말이 영이에요. 왜 그러냐 하면, 인간의 말은 인간 속에 있는 영을 끌고 나오기 때문이에요. 그러므로 당연히 사람의 말속에는 영이 실려 나오기 때문에 인간의 말속에는 동일한 것. 따라 하세요. 생각, 감정, 의지. 이것을 말에 싣고 끌고 나온다. 그래서 내 말이 곧 영이다, 그랬어요. 이해되시면 아멘.

그러니까 사람의 말이 이게 얼마나 중요하냐? 이 말이 사람의 보이지 않는 영을 말에 싣고 바깥으로 끌고 나오기 때문에 그 사람 속에 있는 영의 상태가 어떠한 것을 알려면 말 들어보면 압니다. 딱 말 들어보면 이 말속에 이미 그 사람의 영의 상태가 묻어서 나와요. 믿습니까? 시편에 보면, 영의 상태를 여러 가지 설명했어요. 낙심한 영. 따라 하세요. 낙심한 영. 또 어떤 성경에 보면, 기쁨의 영이 있어요. 기쁨의 영. 내 영이 기뻐하며. 따라 하세요. <u>기쁨의 영.</u> 그 사람의 영이 지금 낙심의 영인가, 탄식의 영인가. 또 그 사람의 말이 기쁨의 영인가. 사람의 영의 상태가 지금 어떠한지 말을 들어보면 말속에 영이 실려 나오기 때문에 금방 나도 그것을 만질 수가 있어요. 이해되시면 아멘.

여러분은 오늘 다 여러분의 영의 상태가 기쁨의 영이 될지어다. 두 손 들고 아멘. 할렐루야. 우리의 영만큼은 항상 성령의 충만함을 받아서 우리의 영은 다 여러분이 승천의 영을 갖길 바랍니다. 아멘. 〈나의 기쁨 나의 소망〉 불러보겠습니다. 손뼉 준비입니다. 주님은 나의 기쁨입니다. 예수님은 나의 영원한 기쁨입니다.

찬송가 82장 〈나의 기쁨 나의 소망 되시며〉

1. 나의 기쁨 나의 소망 되시며 나의 생명이 되신 주
밤낮 불러서 찬송을 드려도 늘 아쉰 마음뿐일세

2. 나의 사모하는 선한 목자는 어느 꽃다운 동산에
양의 무리와 늘 함께 가셔서 기쁨을 함께 하실까

3. 길도 없이 거친 넓은 들에서 갈 길 못찾아 애쓰며
이리저리로 헤매는 내 모양 저 원수 조롱하도다

4. 주의 자비롭고 화평한 얼굴 모든 천사도 반기며
주의 놀라운 진리의 말씀에 천지가 화답하도다

5. 시온성에 사는 처녀들이여 사랑하시는 내 주를
빈 들에서나 그 장막 안에서 만나 뵌 일이 없는가

6. 나의 진정 사모하는 예수여 음성조차도 반갑고
나의 생명과 나의 참 소망은 오직 주 예수뿐일세

찬송가 498 〈은혜 구한 내게 은혜의 주님〉

1. 은혜 구한 내게 은혜의 주님
은사 원한 내게 은사의 주님
신유 구한 내게 신유의 주님
나의 마음속에 지금 오셨네

(후렴) 나의 생명 되는 내 주 예수님
영원토록 모셔 내 기쁨 넘치네

2. 말씀 위에 서서 내 뜻 버리고
감정을 버리고 말씀에 서니
불완전한 믿음 완전해지고
내가 이제부터 주만 붙드네

3. 내가 염려하며 계획하던 것
믿고 기도하며 주께 맡기고
나의 모든 소원 던져버리고
주의 뜻을 따라 살기 원하네

4. 믿음으로 닻을 주께 던지고
끊임없이 주를 찬송하면서
전엔 나를 위해 일해 왔으나
이제 주만 위해 힘써 일하리

5. 나의 소망 되는 구주 예수님
이 세상에 다시 강림하겠네
나의 등불 밝혀 손에 들고서
기쁨으로 주를 기다리겠네

찬송가 82장 〈나의 기쁨 나의 소망 되시며〉

1. 나의 기쁨 나의 소망 되시며 나의 생명이 되신 주
밤낮 불러서 찬송을 드려도 늘 아쉰 마음뿐일세

2. 나의 사모하는 선한 목자는 어느 꽃다운 동산에
양의 무리와 늘 함께 가셔서 기쁨을 함께 하실까

3. 길도 없이 거친 넓은 들에서 갈 길 못찾아 애쓰며
이리저리로 헤매는 내 모양 저 원수 조롱하도다

4. 주의 자비롭고 화평한 얼굴 모든 천사도 반기며
   주의 놀라운 진리의 말씀에 천지가 화답하도다

5. 시온성에 사는 처녀들이여 사랑하시는 내 주를
   빈 들에서나 그 장막 안에서 만나 뵌 일이 없는가

6. 나의 진정 사모하는 예수여 음성조차도 반갑고
   나의 생명과 나의 참 소망은 오직 주 예수뿐일세

2) 세계 사상의 미래를 바꿀 전광훈 목사의 <하나님의 말씀> 설교

아멘 할렐루야. 이번 주에 오신 여러분들은 큰 복 받으셨어요. 뭐, 청교도 말씀이야 다 복 받는 말씀이지만, 다 귀한 말씀이지만, 이번 주에는 그중에서 은혜 위의 은혜인 것처럼 말씀 위에 말씀. 따라 하세요. 말씀 위에 말씀. 그러니까 우리 여기서 상고히는 청교도 말씀 학교의 말씀이, 두 데마(theme)가 미국에 하버드대학(Harvard University)에서 설치한 세계사상연구소라는 데 들어가 있어요. 세계사상연구소라는 게 있어요. 사상연구소. 그거는 전 세계적으로 일어나는 새로운 이론 새로운 사상 이런 것들을 모아서 연구하고 검토하니까 동양 쪽에서 들어가 있는 것은 당연히 공자, 맹자, 이순자 이 개념이 거기 들어가 있죠. 그런데 여러분과 제가 여기서 말씀을 상고하는 것이 우스운 거 같아도요, 대단한 거예요. 그중 하나가 뭐냐 하면 '이성의 불완전'이에요. '이성의 불완전.' 여러분이 여기서 상고하는 말씀이 하버드대학 사상연구소에 들어가서 지금 거기서 검토되고 연구되는 주제라는 걸 여러분이 아시기를 바랍니다. 여러분이 시쭈구리하게 앉아서 들으면 안 되는 거예요. 아멘이요? 그와 함께 더불어 이것도 같이 들어가 있는 거예요. 이것이 이게 간단한 거 같지만요, 이것이 보통 사건이 아닌 거예요.

그러므로 여러분은 잘 들으셔서 하나님 말씀의 위력이 뭔지, 여러분이 가지고 있는 언어의 위력이 무엇인지, 여러분이 설교할 때 내뿜는 말의 위력이 무엇인지 확실히 관통되기를 바랍니다. 아멘. 이 말씀을 잘 들어야 여러분이 설교하면서 내 설교가 무슨 일을 하는지 알게 되는 거예요. 믿습니까? 할렐루야입니까?

3) 사람의 말에는 영이 실려 있다

한번 따라 하세요. <u>사람 속에는 무엇이 살고 있다.</u> 이거는 뭐 인정 안 할 수가 없어요. 사람은 육체로만 된 것이 아니니까. 육체 안에 하여튼 뭔지 영혼인지 뭔지 간에 육체 안에 뭐가 살고 있는 거는 사실이에요. 동의하십니까? 그걸 가리켜 우리는 영혼이라 그래요. 영혼. 따라 하세요. <u>영혼.</u> 그런데 이 영혼은 세 가지 기능이 있다 그랬어요. 다시 해봐요. 생각의 기능. 맞지요? 다시요. 다 따라 하세요. 느낌의 기능. 맞지요? 다시요. 의지의 기능. 다른 말로는 따라 해 봐요. 지정의. 이와 같은 기능을 가진 영혼이 모든 인간 속에 살고 있다, 이거예요. 그런데 사람의 육체 안에 살고 있는 영혼이 때때로 바깥으로 나올 때가 있다. 육체 밖으로 나올 때 영혼이 어떻게 육체 밖으로 나올까? 나올 때는 뭘 통하여 나온다? 말을 통하여. 말을 통하여. 지금 설명하는 이 과정까지만 여러분이 이해해도, 여러분은 무언가 뻥 뚫리는 거예요.

그래서 사람의 모든 말은 말속에 영이 실려 있어요. 그래서 초언어의 과학자 되시는 우리 예수님이 요한복음 6장 몇 절이라 그랬어요? 63절에. 내 말이 곧 무엇이오? 영이요. 말이 어떻게 영이 될까? 말은 사람의 영을 끌고 나오기 때문이에요. 동의하십니까?

4) 말에는 영의 지정의가 녹아 있다

그러니까 인간의 말은 당연히 사람의 영을 끌고 나오기 때문에 말속에도. 따라 하세요. 생각. 다시요. 느낌. 따라 하세요. 의지. 이것이 사람의 말속에 녹아 있다, 이 말이에요. 그래서 사람의 말을 들어보면, 그 사람이 지금 뭘 생각하는지를 알아? 몰라? 알지요. 왜? 벌써 아는 거야. 말속에 생각을 끌고 나오기 때문에. 말을 들어보면 사람의 감정에 대해서, 슬퍼할까 기뻐할까를 알아요, 몰라요? 금방 알아버려요. 할 렐루야. 말 들어보면 그 사람 속에 벌써 어떤 감정이 있는지 틀림없이 알아요. 그리고 말을 가만히 들어봐요. 말을. 말을 가만히 들어보면 저 사람이 지금 나를 해하려고 하는 사람인가 나를 도우려고 하는 사람인가 그 사람의 행동에 대한 의지가 벌써 말 들어보면 느껴와요? 안 느껴와요? 느껴와요. 그걸 빨리 느끼는 사람은 눈치가 빠른 사람이에요. 나처럼 늦게 느끼는 사람은 좀 멍청한 사람이에요. 그래서 돌아가신 우리 어머님이 맨날 나 어릴 때 나보고 눈치 없다 그래요. "이놈의 새끼, 네 아비 닮아서 아비 닮아서 눈치도 없어서 말귀를 못 알아들어." 어머니가 나 보고 그래요. "아이고 이 자식아. 사람이 말귀를 왜 못 알아듣냐고?" 어릴 때 말이야 우리 어머니가 날 보고 한탄하는 거예요. "너 한 세상 어떻게 살래?" 사람이 뭔 말을 하면 벌써 말에 저게 뭔 뜻인지 알아들어야 한다 이거예요. 우리 어머니가 그렇게 잔소리해요. 내 동생, 내 밑에 애는요? 그놈은 말귀를 잘 알아들어요. 내 바로 밑에 애는요. 그놈은 혼났나? 맨날 나만 혼나요.

그래서 제가 1969년 4월 5일에 서울 올라와서 이 세상을 창조하신 주님을 제가 만났잖아요? 만나니까 당연히 제1번 기도가 뭐냐? 우리 어머니가 맨날 나보고 멍청하다 그리고

“야, 이 새끼야. 이 새끼야. 내가 뭘 먹고 너를 낳았어? 너 같은 놈을 낳았나. 그렇게 이놈아, 눈치가 없냐?” 그랬어요. 하나님 앞에 제가요 저녁 9시에 시간을 정해놓고 1년 동안을 기도했어요. 눈치의 은사를 달라고. 1년을 기도했어요. 1년을. 야고보서 1장을 펴놓고 ‘누구든지 지혜가 부족한 자는 꾸짖지 아니하시는 하나님께 구하라.’ 내가 그 성경을 딱 펴놓고 1년 기도했다니까요? 그래서 지혜의 영이 왔어요. 이제는 내가 눈치 9단이에요. 나보다 눈치 빠른 사람 없어요. 딱 들으면 알아버려요. 말하기 전에 표정만 봐도 알아버려요. 표정만 딱. 말 딱 시작하면 난 벌써 알아버려요. 내가 보통 눈치 빠른 게 아니에요. 여러분, 말해봐요. 지금. 아니 뭐, 뭔 단어를 말하지 말고 그냥 발음만 말해도 알아버려요. 아! 한번 해봐요. 시작. 알았습니다. 알았어. 벌써 여러분이 지금 빨리 집에 가고 싶어 하는지, 이번에 하나님 붙잡고 승부 보려고 하는지, 벌써 딱 말속에 다 실려 있어요. 따라 하세요. <u>말속에 다 실려 있다.</u>

여러분의 눈치가 이번에 살아나기를 바랍니다. 말을 들을 줄 알아야 해요. 말을 딱 듣고 알아버려야 합니다. 왜? 말속에 세 가지가 실려 나온다 그랬어요. 다시 한번. <u>생각, 감정, 의지.</u> 말속에 실려 나온다, 이거예요. 아멘. 여기 이렇게 모여서 여러분, 한 방에 이틀 동안 계신 동안에도, 말귀를 잘 알아들어야 해요. 말귀 잘못 알아들으면 아무것도 아닌 것으로 싸우고요? "너, 날 씹었지?" "아이, 안 씹었는데 씹었다고 난리야." 그래서 그냥 방방마다 말이야 다 구라파 전쟁이 붙어서요? 아니 목회자 집회하는데 왜 구라파 전쟁이 붙을까? 싫으면 자기가 다른 방으로 가면 되지. 자기가 가면 될 거 아니야. 피하여 가면 될 거 아니야. 여러분, 절대 싸우지 마십시오. 특별히 뭐 목회자 집회하러 와서는 절대 싸우지 마세요. 다시 옆 사람끼리 다시 해보자. 싸우지 맙시다. 싸우지 맙시다, 하지 말고 더 적극적으로 해 봐 이제. '사랑합니다.' 해 봐요. 그러면 안 싸우니까. 자, 시작. 사랑합니다. 아멘. 앞뒤로 해봐. 예수 안에서 우리는 한 몸입니다. 시작. 또 한 몸이라 그랬다고 해서 또 붙어 자지 말고. 청교도에서 바람 나서요? 붙어서 바람 난 사람 많아요. 아니, 진짜 많아요. 청교도에서 붙어서. 어떤 목사님이 나보고 자기 마누라 찾아달라고 난리야. 그래서 아이, 진짜 캐나다로 갔는데 어떻게 하겠어. 내가 어떻게 찾겠어, 그걸.

2. 말은 다른 사람 속에 들어가 영을 만진다

1) 말은 다른 사람 속에 들어간다

그러니까 사람의 말이 얼마나 중요한지를 잘 알아야 합니다. 그러므로 잘 보세요. 이 말에는 세 가지가 실려 나온다고 그랬어요. 다시요. *생각, 느낌.* 다시요. *의지.* 실려 나오지요. 모든 사람의 말에는 다 실려 나오는 거예요.

실려 나온 이 말이. 이제부터가 중요해요. 실려 나온 이 말이 사람 속으로 들어가요. 말이 사람 속으로 들어간다고요. 사람 속에서 나온 말이 다시 다른 사람 속으로 들어간다. 따라 하세요. *들어간다.* 말이 들어간다는 원리를 깨닫길 바랍니다. 들어가서 뭔 일을 일으키느냐. 이 사람이 원래 가지고 있는 생각이 있어요. 생각. 이 사람도 영혼이 있단 말이에요. 영혼. 모든 사람은 다 영혼이 있으니까. 이 사람의 영혼을 만지게 돼요. 여러분, 오늘 이 말을 알아듣는 자는 복이 있도다. 영이 영을 만지는 거예요. 따라 하세요. *영이 영을 만진다.* 무엇으로 만지느냐? 말로 만지게 돼요. 여기까지만 듣고 그냥 집에 가도 돼요. 집에 가세요. 이제 집에 가. 본전 빠졌어. 이제 본전 빠졌어.

그런데 보니까, 눈치를 보니까, 이게 뭔 말인지 못 알아들었어. 이게 지금 뭔 말인지 못 알았어요. 중요한 거야. 다시 처음부터 복습 다시 해 봐요. 정신 바짝 차려요. 다시 봐요. 사람 속에는 무엇이 살고 있다 그랬어요. 그걸 뭐라 그런다고요? 영혼이요. 영혼은 세 가지의 기능이 가지고 있다, 그랬어요. 첫 번째가 뭐라고요? 둘째는요? 셋째는요? 그런데 이 영혼이 사람 바깥으로 나온다고 그랬어요. 나올 때는 뭐를 통하여 나온다고요? 말. 따라 하세요. 말. 사람의 말은 영혼을 싣고 나오기 때문에, 인간의 말속에는 세 가지가 실려 있다. 다시 해봐요. 지정의. 모든 인간 속에는 지정의의 말이 녹아 있다, 이 말이에요. 그런데 이 영을 싣고 나온 사람의 말은 말로만 독립적으로 존재하는 게 아니에요. 말속에는 분명히 영이 실려 나오는 거예요. 실려 나온 이 말이, 이것이 다시 다른 사람 속으로 들어간다고요. 말이 들어가요. 들어가서 그 사람의 영혼을 만져요. 그 사람의 생각. 다시. 생각. 다시요. 감정. 다시요. 의지. 여기에 달라붙는단 말이야. 말이 딱 달라붙어요. 아멘.

그래서 슬픔의 말을 들으면, 이 사람의 영도 기뻐져요? 슬퍼져요? 당연히 슬퍼져요. 왜? 가서 만지기 때문에. 영이 영을 만지는 거예요. 기쁨의 말을 들으면, 이 사람의 영도 기뻐요? 슬퍼요? 기뻐요. 왜? 영이 붙기 때문에. 말을 통하여 그 사람 속에 영이 가서 탁 달라붙어요. 아멘. 그 사람의 행동에 이 사람의 의지의 말이 가서 붙어버려요. 그래서 사람의 행동을 움직이게 돼요. 이해되시면 아멘. 두 손 들고 아멘.

지금 내가, 여러분, 두 손 들게 했지요? 내가 가서 여러분 손을 잡아당겼나요? 뭘로 다 들게 했지요? 그거 봐요. 내가 여러분의 의지를 내가 딱 챙겨 쥐어 버린 거예요. 다시. 두 손 들고 아멘. 이야, 내가 가서 한 사람, 한 사람 여러분 다 손들게 하려면요, 불가능해요. "사모님, 손 좀 들어봐. 손 들어. 이거 손 더 들어." 그러면요? 이래요. "이게 뭐예요? 성추행하는 거요? 이거 왜 여자 손을 만지고 난리야?" 별 발광 다 떨겠지? 그런데 봐요. 말 한마디 가지고 여러분 손 다 들게 하잖아요? 왜? 내 말이 여러분의 의지에 가서 붙어버려요. 내 말이 들어가서 여러분 의지를 딱 먹어버려요. 믿습니까? 이해되시면 아멘. 두 손 들고 아멘. 할렐루야. 참 위대한 역사입니다. 위대한 역사.

2) 말을 다 받아들이면 안 된다

그러므로 여러분과 저는 사람의 말을 들을 때, 아무 말이든지 다 받아들이면 돼? 안돼? 안 돼요. 우리 속에 보초병을 세워야 해요. 보초병을. 그러니까 말속에도 더러운 말이 있어요. 주님이 말했어요. '사람을 너럽게 하는 것은 입으로 들어가는 것이 아니다.' 입에서 뭐 하는 거? 말이란 말이에요. 말. 말이 더러우면 그 더러운 말을 듣는 이 사람의 영도 더러워지는 거예요. 아멘. 그러므로 우리가 말을 들을 때 성경에 보면 말을 조심해서 들으라 그랬어요. 조심해서. 이게 잠언서의 전공이에요. 모든 말을 그냥 보초병 없이 퍽퍽 다 받아들이면 안 된다, 이거예요. 딱 보초병을 세워놓아야 해요.

하나님의 말씀은 받아들여야 해요. 인간의 말은 구별해야 해요. 분별해야 해요. 따라 하세요. <u>사람의 말은 분별해야 한다.</u> 사람의 말은 분별해야 합니다.

　하나님의 말씀은 이건 무조건 좋은 거예요. 여러분, 하나님 말씀은 다 받아들이길 바랍니다. 할렐루야! 그래서 사람의 말을 들을 때는 인간의 말은 참으로 조심해야 해요. 말 한마디 잘못 들어서요, 인생 끝나는 사람 많아요. 말 한마디 잘 못 들으면 인생 끝나 버려요. 말 한마디 잘못 듣고 어떤 사람은요, 삶을 포기하고 자살하는 사람들 있어요. 자살하는 사람. 그리고 또 말 한마디 잘 들으면, 죽을 사람이 말 한마디 듣고 살아나요. 그러니까 여러분과 제가 주일날 설교하는 이 설교의 위대한 말씀은 대단히 중요한 거예요. 죽은 영혼을 여러분이 살려내는 거예요. 하나님의 말씀을 통하여. 믿습니까? 최고의 서비스예요. 최고의 서비스. 이 세상에 가장 위대한 서비스가 뭐냐? 설교예요. 설교. 왜? 말로 죽은 심령을 살리기 때문에. 말로 죽은 심령들에 힘을 주기 때문에요. 믿습니까? 이렇게 말씀이, 여러분의 말하는 말이 위력이 있다, 이거예요. 그래서 여러분, 설교하는 사람은 대단한 책임을 지고 있어요. 할렐루야. 설교할 때 여러분, 자기 말 하지 말고 하나님의 말씀을 대언 하길 바랍니다. 되지도 않는 자기 말을 가지고 횡설수설하지 말고 하나님의 말씀을 대언 하자! 다시 옆 사람 다 손잡고. 하나님 말씀을 대언 합시다. 하나님 말씀을 대언 하자, 이거예요. 그러면 듣는 자들이 살아난다, 이거예요. 믿습니까?

3. 말은 연합을 일으킨다

그래서 말이 사람 속에 들어가면, 이 사람이 원래 가지고 있는 영혼의 상태 자, 세 가지 기능이 있다 그랬어요. 다시 해 봐요. 생각의 기능. 감정의 기능. 의지의 기능. 이 사람에게 붙어버려요. 이게 달라붙어요. 붙어서 뭘 하냐? 연합해요. 연합. 자, 연합을 일으킵니다. 육체의 연합은 둘이 하룻밤 자서 애 낳으면 육체가 연합이 돼요. 그러나 영혼의 연합은요, 그래서 되는 게 아니에요. 영혼의 연합은 말을 통해 되는 거예요. 말을 통하여. 사람과 사람이 말이 섞이면 영혼이 연합이 돼요. 연합이 일어난단 말이에요. 그 사람과 합해진단 말이에요. 연합. 다시. 연합. 연합의 원리는 말을 통하여 연합이 되었다. 아멘.

연합이 되면, 그 사람과 연합이 되면, 어떤 사람과 연합이 되든지 연합된 사람의 능력. 따라 하세요. 능력. 사람의 능력이 그를 통하여 나타나요. 야! 여기까지 이해가 돼요? 여기까지 이해가 돼요? 만약에 여러분이 아브라함 링컨

(Abraham Lincoln)의 말과 연합되면 아브라함 링컨의 위력이 여러분을 통하여 나타나요. 할렐루야. 어떤 사람의 말과 연합하느냐에 따라 그 사람의 능력이 그를 통해 나타납니다. 그래서 사람들이 책 읽으려고 난리를 부리는 거예요. 왜? 그 사람과 연합하려고. 책을 읽을 때는 다 나보다 더 좋은 사람의 책을 읽으려고 하는 겁니다. 책을 읽을 때 나보다 더 수준이 낮고 나보다 더 낮은 사람의 책을 안 읽으려 해요. 왜? 그놈하고 합해봤자 별로 좋은 일이 없어요. 책을 읽을 때는요, 나보다 월등히 높고, 내가 흠모하고, 내가 바라보는 대상 그 사람의 책을 읽는 이유는 그 사람의 말이 내 속에 들어오게 하려고요. 아멘. 사람의 말이 내 속에 들어오게 하려고. 따라 하세요. <u>말이 들어오게 하려고.</u> 그 사람 말이 내 속에 들어와서 연합시키려고 그러는 거예요. 연합시키면 나는 약한데 그 사람의 능력이 나를 통하여 나타나기 때문에 나는 강한 자가 되는 거예요. 할렐루야.

나보다 훨씬 더 나은 종류의 많은 사람의 말이 사람 속에 들어와 있는 사람일수록 사람은 능력이 있는 거예요. 그래서 사람들이 수천 권, 수만 권의 책을 읽게 되는 이유가 왜 그러냐? 나보다 월등히 뛰어난 초월한 사람의 말을 사람 속으로 끌어들이려고 자기 속으로 끌어들이려고 그렇게 한다, 이거예요. 이해되시면 아멘. 두 손 들고 아멘. 따라 하세요.

말이 힘이다. 능력이다. 말이 곧 힘이요 능력이에요. 할렐루야. 그래서 공자님 말씀을 많이 읽으면 그 사람을 통하여 공자님의 능력이 나타나요. 여러분, 공자님 책 안 읽었어요? 학이시습지 불역열호(學而時習之 不亦悅乎) 안 읽었어요? 학이시습지 불역열호 그거 안 읽었어요? 명심보감 안 읽었어요? 안 읽기를 잘했어요. 사서삼경 안 읽었지요? 안 읽기를 잘했어요. 왜냐하면 그거는 쓰레기예요. 우리의 하나님 말씀에 비교하면 쓰레기예요. 쓰레기. 그런데 세상 사람들은 그냥 뭐, 공자 맹자 해서 뭐, 그냥 참 뭐, 셰익스피어 뭐, 그다음에 무슨 뭐 톨스토이, 무슨 뭐 헤밍웨이, 좋은 문장을 말이야 뭐, 그냥 외우고 난리 났어요. 뭐, '약한 자여 그대 이름은 여자라' 그러고. 여자들 골탕 먹이려고요. "약한 자여, 그대 이름은 여자입니다." 별놈의 소리 다 해요. 별놈의 소리를 다 하는데 그래봤자 다 인간의 말인데, 인간의 말도 사람들이 좋아하는 이유는 뭐냐? 모든 인간은 나보다 더 나은 상태의 사람의 말을 많이 이 속에다 저장하려고 해요. 맞지요? 그래서 사람은 자기를 말이야 업(up)시킨단 말이에요. 현재 상태에서부터 자기를 끌어올린다, 이거예요. 뭘 통하여? 말을 받아들이면. 아멘.

그래서 우리는 하늘나라 갈 때까지는, 우리는 죽기 전까지는 수없는 말을 원하든지 원치 않든지 우리는 들어요? 안 들

어요? 들어요. 듣게 돼요. 방송 듣지요, 책 읽지요, 지나가면
서 듣지요, 농담하는 거 듣지요. 수 없는 말이 오늘 하루도
여러분 귀에, 수도 없는 말이 여러분의 귀를 때렸을 거란 말
이에요. 때렸는데, 이 말이 그냥 우리 속에 영혼의 안방까지
싹싹 들어오도록 하면 안 된다 이거예요. 모든 말은 다 걸러
내야 한다! 모든 말은요, 다 보초병을 세워서 받을 걸 받고
내칠 걸 내치고. 아멘. 모든 말은 다 분별이 필요하다 이거
예요. 믿습니까?

그래서 사람들은 지금 자기보다 더 나은 사람, 그리고 자
기를 더 발전시키고 높여줄 사람의 말은 사람들이 무조건
받아들여요. 사단의 말이라도 받아들여요. 왜? 자기가 높아
지려고. 자기가 자기의 신분을 높여보려고 한단 말이에요.
그러면 이제 그 사람과 연합하게 되어서 자기의 능력이 위
로 올라가게 된다, 이거예요.

4. 사람의 사람

그와 같이 이것이 처음 가장 중요한 첫 번째 원리입니다. 이
원리를 100 프로(procent) 이해하기를 바랍니다. 한 번만 더
연습하고 다음 본 게임으로 가겠습니다. 보세요. 사람 속에
는 무엇이 살고 있다? 영혼이 살고 있다. 확실하죠? 영혼 속

에는 무엇이 실려 있다? 다시요. <u>생각, 감정, 의지.</u> 그런데
이 사람 속에 있는 영혼이 밖으로 나올 때가 있다. 나올 때
는 뭘 통하여 나온다? 말을 통하여 나오니까, 사람의 말엔
인간의 영을 싣고 나온다고요. 싣고 나오기 때문에 사람의
말속에는 당연히 영혼의 생각. 따라 하세요. <u>생각.</u> 따라 하
세요. <u>감정. 의지.</u> 이것이 사람의 말에 녹아 있다는 거예요.

그런데 사람 속에서 나온 이 말이 가만히 있지 않고 이것
이 또 다른 사람 속으로 들어간다 이거예요. 믿습니까? 들어
갈 때, 말만 들어가는 게 아니에요. 사람의 영을 싣고 나온
말이기 때문에, 그 말속에 있는 다시요. <u>생각, 감정, 의지.</u> 이
것이 다른 사람 속에 와서 붙어버려요. 딱 붙어버려. 생각은
생각에다 붙어버려. 감정은 감정에다 붙어버려. 의지는 의
지에 붙어버려요. 그래서 말이 사람의 영혼에 가서 붙어버
려요. 그래서 여러분, 내가 여러분들을요, 당장 눈에서 눈물
흘리게 할 수 있어요. 왜? 말을 가지고. 말은 사람을 울게 할
수도 있고, 웃게 할 수도 있고, 낙심하게 할 수도 있고, 힘을
줄 수도 있고. 사람의 말이 가서 붙기 때문에 그런 일이 일
어난다, 이거예요. 믿습니까? 그러면 이 사람의 말, 들어간
말과 이 사람의 영혼이 둘이 연합을 일으킨다. 연합. 뭘 일
으켜요? 연합을 일으키면 그 사람에겐 무서운 힘이 나오는
거예요. 할렐루야.

모택동 연설을 들어봐요. 그냥 모택동 같은 능력이 나와 버려요. 모택동같이 행동하려고 움직여 버리는 거예요. 누구의 말을 듣든지 그 사람의 말에 따라 해요. 사람의 행동도 같이 움직여지는 거예요. 이렇게 말이 위력이 있단 말이에요. 아멘. 사람의 말이 사람 속에 들어가서 그 사람의 지정의를 잡아먹어 버린다. 다시 해봐요. <u>말이 사람 속에 들어가서.</u> 다시요. <u>생각, 감정, 의지를 빼앗는다.</u> 절대 빼앗기지 말기를 바랍니다. 빼앗기지 맙시다. 옆 사람 다 손잡고. <u>절대 빼앗기지 맙시다.</u> 빼앗기는 사람은 영혼을 팔아먹는 사람이에요. 자기 영혼을 팔아먹는 사람이다, 이거예요. 이해됐어요?

5. 말의 위력

그러니깐요, 이 애들도요? 중고등학생 애들 보면요, 친구들 잘못 만나면 당장 동료가 되고 연합된다니까요? 연합? 바로 깡패 만나면 그냥 깡패, 불량배 만나면 불량배 그냥 돼버리는 거예요. 몇 마디 말 주고받으면 휙 그렇게 돼버리는 거예요. 어른들도 똑같아요. 어른도. 교회 안에 성도들도 가만 보면요, 구역에 못된 년 하나가 딱 왔다? 한 달 안에 구역이 다 부패해 버려요. 그리고 교회 모임에 그 말의 주도권을 개가 끌고 가버려요. 이걸 목회자들은 잘 분별해야 해요. 어떤 독버섯이 들어왔어요. 한 사람이 들어와서 금방 구역을 다

해체 시키고요? 말을 가지고 그냥 얼랄라 해서 그냥 딱 해버려요. 그리고 목사님 설교 못 듣게 만들어요. "우리 목사님, 우리가 헌금한 거 가지고 맨날 호텔 다니고, 까까 사 먹어." 들어놨지? 주일날 교회 와서 설교 듣는데, '그래, 이번 주에 어디 가서 처먹었나? 새끼가 하도 처먹어서 배가 나왔지.' 이게 사람이 말을 들어놓으면요, 이 말이 위력을 발휘해요.

자, 보십시오. 내가 여러분에게 거짓말할 테니까 들어보세요. "지난주에, 여러분, 여기 숙소 올라가다가 거기 나무 하나 있잖아요? 산에? 거기에 어떤 성도가요 목을 매서 자살했어요. 지난주에 거기." 내가 지금 거짓말했어요. 내가 분명히 거짓말이라고 말했어요. 분명히. 내가 거짓말이라고 말까지 하고 이 말 했어요. 이따 마치고 가다가요, 한번 봐요. 틀림없이 보게 돼 있어요. 아니, 난 거짓말이라고 말했는데도 본다니까. 이렇게 말에 위력이 있어요. 이렇게 위력이 있어요. 그러니, 어떤 개인에 대해서 한번 말을 해 봐요. "서 사모님, 저 사모님이 어젯밤에 어떤 남자하고 모텔 갔다 왔대." 이렇게 말했잖아? 대번 딱 보면 이래요. '미친년. 저런 년이 뭣 하러 은혜받으러 왔어?' 거짓말이라도 딱 들으면요, 바로 말이 위력을 발해요. 그래서 주님이 말했어요. '너희가 무슨 무익한 말을 하든지 네 말에 대해 책임지고 하나님의 심판대 앞에서 심판받으리라.' 별거 아닌 거 같으면 뭐 하러 주님이 그렇게 말했겠어요? 말이 다기 때문에 그런 거예요. 말이 다기 때문에. 아멘. 그래서 날 보고 빠스 목사라고 한 놈들은요, 절대 천당 못 가요. 천당 갈 수가 없어. 갈 수가 없어요. 그러니까 여러분도 저도 말에 대해서 깊이, 여러분, 통달하기를 바랍니다. 사람의 말은 사람을 살리기도 하고 죽이기도 한다, 이 말이에요. 믿습니까?

Ⅲ.
하나님의 말씀

1. 하나님의 말씀은 영이다

그와 같이, 두 번째, 이게 이제 본 게임이에요. 이번 주의 본 게임. 이걸 설명하려고 앞엣것을 설명했어요. 하나님도 동일해요. 하나님도 이 원리하고 똑같단 말이에요. 정신 바짝 차리고 들으시길 바랍니다. 진짜 이번에 잘 오셨어요. 다시 격려부터 해요. 옆 사람한테 격려부터 해요. <u>너 잘 왔다.</u> 한 번 축복해 봐요. <u>너 잘 왔다.</u> 뭔지 모르지만, 하여튼 잘 왔어요. 뭔지 모르지만 잘 왔어요. 일단 김칫국부터 마셨어요.

마셨어.

　자, 들어봐요. 인간도 영이 있는가 하면, 하나님은 영이시니. 따라 하세요. 하나님은 영이시니. 하나님도 영이에요. 하나님도 영이시란 거 인정하십니까? 하나님도 영이란 말이에요. 하나님도. 아멘. 하나님도 영이시니까, 하나님의 본체는 지금 어디 계시느냐? 하나님의 보좌에 계세요. '빛나고 높은 보좌와.' 하나님의 보좌에 계시지요? 맞지요? 그런데 하나님도 인간의 육체 바깥으로 영이 나가는 것처럼 하나님도 보좌에서 나올 때는 뭘 통해 나오냐? 하나님의 영도 세 가지를 가지고 있어요. 따라 하세요. 생각의 기능. 하나님도 생각할 줄 알아요. 하나님도. 아멘. '나의 생각은 너의 생각과 다름이요.' 하나님도 생각한다는 거지요. 그렇죠? 다시요. 감정의 기능. 하나님도 탄식한단 말이에요. 탄식. 하나님도 슬퍼한단 말이에요. 하나님도 슬퍼한다, 이거예요. '하늘에 계신 하나님이 슬퍼하니.' 하나님도 슬퍼한다고 그랬어요. 때때로 하나님도 기뻐하시고요. 그리고 하나님도 의지가 있어요. 의지. 따라 하세요. 의지. 사람을 죽이거나, 사람에게 축복을 주시거나 하나님도 의지가 있단 말이에요. 그런데 이 하나님의 영도, 하나님의 본체도 바깥으로 나올 때는 말을 통하여. 말씀을 통하여. 따라 하세요. 말씀을 통하여. 하나님의 본체는 지금 하나님의 보좌에 계셔도 하나님이 밖으로 나올 때는 뭘 통하여? 말씀을 통하여. 말씀을 통하여. 아멘. 말씀을 통하여 나오기 때문에, 하나님의 말씀에도 당연히 하나님의 영을 싣고 있어요.

신, 구약에 있는 모든 말씀은 곧 하나님의 영입니다. 하나님의 영을 싣고 있는 거예요. 이해되시면 아멘. 따라 하세요. 내 말이 곧 영이요. 그러니까 예수님도 하신 말씀이 자기가 한 말을 영이라고 그럽니다. 그래서 요한복음 6장 63절이 아주 중요한 키(key)란 말이에요. 그 뜻이 무슨 뜻인지 여러분이 꼭 이해하기를 바랍니다. 그래서 하나님의 말씀 안에도 하나님의 영이 실려 있다. 따라 하세요. 말씀에는 영이 실려 있다. 하나님의 말씀입니다. 말씀에 하나님의 영이 실려 있다는 거예요. 실려 있으니까. 당연히 하나님의 말씀 안에도, 당연히 이 성경 말씀 안에도 생각. 따라 하세요. 감정. 의지. 이것이 하나님 말씀에 함께 녹여져서 거기에 다 숨어 있다, 이 말이에요. 이해되시면 아멘. 두 손 들고 아멘, 할렐루야. 하나님의 말씀에 하나님의 지정의가 거기에 다 녹여져 있어요. 그래서 하나님의 말씀을 잘 읽어보면 하나님이 무슨 생각을 할까 하는 것을 알게 돼요. 하나님 말씀을 깊이 읽으면 하나님의 감정이 내게 와서 부딪치게 돼 있어요. 믿습니까? 하나님이 나를 사랑하는구나. 이렇게 가슴에 탁 부딪혀 온다고요. 말씀을 읽으면 '하나님이 지금 무엇을 하려고 하는구나.' 의도를 알아차릴 수 있어요. 왜? 말씀 속에 그것이 숨어 있으니까. 이해되시면 아멘. 할렐루야요?

2. 하나님의 말씀도 사람 속에 들어간다

자, 그런데 이 하나님의 말씀이 하나님의 보좌로부터 나온 말씀이에요. 말씀. 따라 하세요. 말씀. 주로 선지자를 통하여 전달되었어요. 사도들을 통하여 전달되었어요. 이 말씀이, 하나님의 말씀이, 지정의를 실은 말씀이. 따라 하세요. 지. 정. 의. 하나님의 지정의를 실은 이 말씀이 또 사람 속으로 들어간다고요. 사람 속으로. 말씀이 사람 속으로 들어간다고요. 들어갈 때 그냥 들어가는 게 아니라, 하나님의 지정의를 싣고 들어간다고요. 하나님의 지정의를 싣고 들어가요. 할렐루야.

어떻게? 들어보시니까 이것이 사상연구소에 들어갈 만한 소재가 될 거 같아요? 안 될 거 같아요? 되는 거예요. 이래서 들어가는 거예요. 그래서 내가 여러분에게 기상천외한 걸 가르치는 거예요. 성령으로부터 받은 걸 가르치는 거예요. 책 가져와 봐요. 책 가져와 봐. 아니, 심리학책 가져와 봐요. 가져와 봐. 이 지구상에 있는 모든 심리학책 다 가져와 봐요. 철학책 다 가져와 봐요. 나처럼 이렇게 해서 이렇게 지금 전개해 나가는 게 있는가. 없어요. 없으니까, 연구소에서 가지고 간 거지.

그런데 이게 단순한 거란 말이에요. 이게 단순한 거란 말이야. 참, 우리 주님은 대단하신 분이에요. 우리의 주님은 대단한 분이에요. 그러면 이제 여러분들은 잘 들으시면, 하나님의 말씀에 대한 가치를 알게 될 거예요. '내 말이 곧 영이요.' 지금 여러분과 제가 손에 가지고 있는 하나님 말씀이, 이 말씀이 곧 하나님의 본체란 말이에요. 하나님이 하나님의 보좌에 계셔도 하나님의 본체는 바로 여러분 손에 있는 거예요. 이게 하나님의 본체가 되는 거예요. 본체. 따라 하세요. <u>본체.</u> 이야, 할렐루야. 그래서 하나님의 말씀이 사람 속으로 들어가서, 이거는 박수할 준비를 해야 해요. 들어가서, 인간 속에 있는 인간의 지정의에 이 말씀이 달라붙는다고요. 박수! 달라붙는다고요. 인간의 지정의에 달라붙는다<u>고요.</u>

이 시간도 여러분의 지정의에 달라붙기를 바랍니다. 말씀의 지정의가 여러분의 지정의를 삼킬지어다. 아멘. 할렐루야. 그 사람은 자기 자신 혼자 독립된 인간의 지, 인간의 정, 인간의 의지를 가지고 있는 사람과는 종류 자체가 다른 거예요. 들어가서 사람과 연합을 일으켜요. 말씀이 사람과 연합하여 하나님과 연합을 일으킨다! 연합을 일으키면 뭔 일이 일어나겠어요? 당연히 그 사람은 하나님의 능력이 나타나는 거예요. 사람인데 하나님의 능력이 나타나는 거예요. 이야! 할렐루야! 좀 놀라줘 봐. 이야! 몰라도 그냥 이야! 해 봐요. 이야! 할렐루야! 사람인데 하나님을 방불하는 능력이 나타나요. 이번에 여러분, 다 작은 하나님이 한번 되십시오. 이렇게 말하면 여러분이 또 인터넷에 올려서 전광훈 이단, 삼단, 전광훈이 사람을 보고 하나님이라고 불렀다? 야, 이 바보 나까무라 쪼다야. 나는 성경에 없는 말은 안 해. 성경에 없는 말은. 하나님의 말씀을 받은 모세를 향하여 뭐라고 말했냐? "모세야, 너는 너의 백성에 대해서 하나님처럼 되리라." 모세가 하나님이 될 수는 없지요. 모세가 어떻게 하나님이 돼? 그러나 하나님 말씀이 들어간 모세는 하나님 같은 방불한 역사를 하는 거예요. 홍해를 가르는 거예요. 아멘. 여러분과 제 속에 하나님 말씀이 오늘 들어오면. 따라 하세요. <u>들어오면.</u> 들어오면. 홍해는 갈라진다. 할렐루야. 아멘. 아멘. 아멘. 아멘. 이 말씀이 이해되는 사람은 앞으로 인생에 기상천외한 일이 일어나요. 기상천외한 일. 할렐루야. '주의 약속하신 말씀'입니다. 손뼉 준비.

찬송가 399장 〈주의 약속하신 말씀 위에 서〉

1. 주의 약속하신 말씀 위에 서
영원토록 주를 찬송하리라
소리 높여 주께 영광 돌리며
약속 믿고 굳게 서리라

(후렴) 굳게 서리 영원하신 말씀 위에 굳게 서리
굳게 서리 그 말씀 위에 굳게 서리라

2. 주의 약속하신 말씀 위에 서
세상 염려 내게 엄습할 때에
말씀으로 힘써 싸워 이기며
약속 믿고 굳게 서리라

3. 주의 약속하신 말씀 위에 서
영원하신 주의 사랑 힘입고
성령으로 힘써 싸워 이기며
약속 믿고 굳게 서리라

4. 주의 약속하신 말씀 위에 서
성령 인도하는 대로 행하며
주님 품에 항상 안식 얻으며
약속 믿고 굳게 서리라

〈기도하자 우리 마음 합하여〉

1. 기도하자 우리 마음 합하여
기도하자 우리 마음 합하여
할렐루야 아멘 할렐루야 아멘
기도하자 우리 마음 합하여

2. 찬송하자 우리 모두 주님께
찬송하자 우리 모두 주님께
할렐루야 아멘 할렐루야 아멘
찬송하자 우리 모두 주님께

3. 걸어가자 하늘 영광 저 문을
걸어가자 하늘 영광 저 문을
할렐루야 아멘 할렐루야 아멘
걸어가자 하늘 영광 저 문을

4. 바라보자 주님 계신 천국을
바라보자 주님 계신 천국을
할렐루야 아멘 할렐루야 아멘
바라보자 주님 계신 천국을

〈오 주님께서 나를 살리셨네〉

1. 오 주님께서 나를 살리셨네
십자가의 피로 구원하셨네
오 주님께서 나를 살리셨네
전에 알지 못했던 기쁨일세
이제 나는 주님만을 의지하리라
진정 놓지 않으리
오 주님께서 나를 살리셨네
전에 알지 못했던 기쁨일세.

2. 하나님께서 나를 사랑하네
독생자를 주신 참사랑일세
하나님께서 나를 사랑하네
독생자를 주신 참사랑일세
이제 나는 주님만을 의지하리라
진정 놓지 않으리
하나님께서 나를 사랑하네
독생자를 주신 참사랑일세.

3. 오 성령께서 나를 도우시네
크신 능력으로 승리하리라
오 성령께서 나를 도우시네
크신 능력으로 승리하리라
이제 나는 주님만을 의지하리라
진정 놓지 않으리
오 성령께서 나를 도우시네
크신 능력으로 승리하리라.

<나에겐 알 수 없는 힘>

1. 나에겐 알 수 없는 힘 어디서 생겨나는지
지금도 알 수 없는 강하고 담대한 힘
언제 어디서든 쓰러진다 하여도
주님의 도움 때문에 일어설 수 있어요.

2. 나에겐 알 수 없는 사랑 어디서 생겨나는지
지금도 알 수 없는 강하고 따뜻한 사랑
누가 나를 미워한다 하여도
주님의 도움 때문에 사랑할 수 있어요.

<세상 때문에 눈물 흘려도>

1. 세상 때문에 눈물 흘려도
외롭지 않아 주님 계시니
세상 때문에 설움 당해도
주님 땜에 외롭지 않아

(후렴) 외롭지 않아 주님 계시니
두렵지 않아 주님 계시니
세상 때문에 눈물 흘려도
주님 땜에 외롭지 않아

2. 마귀 때문에 고통당해도
외롭지 않아 주님 계시니
마귀 때문에 괴롬 당해도
주님 땜에 외롭지 않아

3. 세상 친구들 나를 버려도
외롭지 않아 주님 계시니
세상 친구들 나를 떠나도
주님 땜에 외롭지 않아

3. 하나님 말씀과 연합하자

1) 내 지정의를 말씀의 지정의에 넘기자

아멘. 할렐루야. 하나님의 말씀이 들어갈지어다. 따라 하세요. <u>말씀이 들어오면.</u> 자, 여러분, 이와 같은 성경이 성경에 기록됐다는 걸 여러분이 한번 읽어보십시오. 오늘 저녁에 밤잠 못 잘 일이에요. 두말할 것 없죠. 요한복음 10장이지요. 자, 펴시면 이런 성경이 여기 있단 말이에요. 참, 성경이. 34절이에요. 34절. 읽어보자고요. 시작.

(요 10:34-35)

34. 예수께서 가라사대 너희 율법에 기록한바 내가 너희

를 신이라 하였노라 하지 아니하였느냐

35. 성경은 폐하지 못하나니 하나님의 말씀을 받은 사람들을 신이라 하셨거든

이거 성경 번역 잘못했어요. 이거 성경 번역 잘못했다고요. 하나님의 말씀을 받은 자는. 따라 하세요. <u>하나님의 말씀을 받은 사람들은.</u> 이걸 하나님이라고 번역하는 게 좀 미안해서 그냥 신이라 그랬는데 이건 진짜 성경 번역 잘못한 거예요. 하나님 말씀을 받은 자들은 신이다. 이걸 신이라 그러면 이거 귀신이 돼버리는데? 하나님 말씀 받고 우리가 귀신 될 일이 있어? 이거는요 하나님이라고 번역해야 하는 거예요. 그게 출애굽기 3장을 보면 하나님으로 돼 있어요. 하나님의 말씀을 받은 자들은 하나님이 되는 거예요. 이야. 박수. 출애굽기 4장을 다시 한번 넘겨보시면. 이야, 어떻게 하나님과 같은 방불한 일이 일어날까? 출애굽기를 다 찾으셨으면, 4장 다 찾으셨으면 아멘. 자, 15절 말씀부터 읽어보시면 시작.

(출 4:15-16)

15. 너는 그에게 말하고 그 입에 말을 주라 내가 네 입과 그의 입에 함께 있어서 너의 행할 일을 가르치리라

16. 그가 너를 대신하여 백성에게 말할 것이니 그는 네

입을 대신할 것이요 너는 그에게 하나님 같이 되리라

너는 그에게 누구같이? 오늘 여러분 다 하나님같이 될지어다. 어떻게 사람이 하나님과로 이사를 갈까? 사람이 하나님과로 이동하는 원리가 뭘까? 이 원리예요. 이 원리. 그러니까 이번에 잘 오셨다, 이거예요. 할렐루야요? 여러분, 하나님과 방불한 역사가 일어날지어다. 예수님이 말했어요. 따라 하세요. '나를 믿는 자는 내가 한 일을 너도 할 것이요 나보다 큰일도 하리니.' 이 말씀을 주님이 하시기 전에 전제된 말이 있어요. 요한복음 15장에 보면, 너희가 내 안에 거하고 내 말이. 내 무엇이? 내 말이 너희 속에 들어가면. 말씀이 들어오면 동질이 되는 거예요. 여러분, 전광훈 목사하고 동질 되기를 원해요? 제 말이 여러분 속에 들어가면 돼요. 동질이 돼버려요. 하나님과 동질이 되길 원해요? 주님 말씀이 들어가면 동질이 되는 거예요. 할렐루야. 그러니까 기상천외한 거예요. 기상천외.

그래서 하나님의 말씀을 받은 자는 곧 신이라 하였거니? 아니고. 하나님이라 하였거니! 아멘. 우리가 어떻게 하나님이 되겠냐고요? 우리가 어떻게 하나님과로 이사를 갈 수 있냐고요? 그러나 하나님의 말씀의 지정의가. 따라 하세요. 말씀의 지정의. 하나님 말씀의 지정의가 내 지정의에 붙으면 내 지정의를 먹으면. 할렐루야.

　여러분의 지정의를 사람의 지정의한테는 넘기지 마세요. 인간의 지정의한테는 넘길 필요가 없는데, 사람들은 지정의를 사람의 지정의, 사람의 말로부터 자기를 지키라고 하면 안 지키고 그거는 그냥 무사통과시켜요. 사람의 말은 그냥 받아들이면서 하나님 말씀의 지정의는 못 붙도록 경계한다고요. 그러니까 인생 망하는 거예요. 오늘 이 자리에 오신 여러분들은 말씀의 지정의가 붙을지어다. 폭발하는 역사가 일어납니다. 여러분이 하는 모든 일이 폭발할지어다. 폭발. 폭발 그 자체예요. 기적이 일어날지어다. 기적이 일어날지어다. 할렐루야. 기적은 악센트에 있는 게 아니에요. 쌍시옷 발음을 세게 한다고 기적이 일어나는 게 아니에요. 기적은 쌍시옷 발음에 있는 게 아니야. 너의 지정의가 말씀의 지정의에 붙잡히면! 말씀의 지정의. 따라 하세요. 말씀의 지정의. 이거에 나의 지정의가 사로잡히면 거기에 바로 기적이 일어나요. 역사가 일어난다. 하나님께 영광의 박수예요. 하나님께 영광의 박수. 참 좋다. 참 좋다. 아멘.

　그런데, 이번 강의는 좀 수준이 높아서 지금 못 따라오는 사람들이 한 3분의 1 정도 돼서 지금 하품을 쌩쌩하고 있는데, 하품해도 밉지는 않아요. 보니까 하도 이쁘게 생겨서 쌩

쌩 웃으면서 하품하니까 그것도 좋아요. 그것도 보기 좋으니까 뭐 하품하시든지. 그래도 안 온 년보다는 훨씬 낫지. 와서 앉아 있으니까 좋은 건데 그러나 말씀까지 들어가면 뭔 사건을 일으킨다니까요. 치마 입었다고요? 치마 입었다고 여러분의 인생을 이렇게 살고 끝나는 게 아니에요. 요즘은 하도 바지들이 시원찮아서 치마를 입어도요, 이 세상은 치마냐 바지냐를 구별하는 게 아니에요. 치마냐 바지냐를 구별하는 게 아니고 말씀의 지정의가 나의 지정의를 삼킨 사람! 이 사람을 지금 찾고 있어요. 믿습니까? 할렐루야.

2) 아멘 하자

이 세상은 누구를 찾고 있느냐. 하나님 말씀의 지정의에 삼키운 사람을 찾고 있어요. 따라 하세요. 말씀의 지정의. 하나님의 말씀은 곧 영이라고요. 하나님 보좌에서 하나님이 이 땅에 내려올 때는 본체가 내려오는 게 아니에요. 말씀으로 내려와요. 말씀 안에 하나님의 영이 실려 있어요. 그러니까 그 말씀 속에는 하나님의 지정의가 거기에 다 녹아 있어요. 이것을 여러분이 거부하지 말고 우리가 거부하지 말고 하나님 말씀의 지정의가 내 지정의에 붙을 수 있도록 말씀의 지정의가 내게 날아오거든 무조건 아멘 하십시오. 아멘 하는 순간에 나의 지정의는 무너져요. 내 지정의는 무너지고 말씀의 지정의가 내게 쫙 붙어버린다고요. 할렐루야. 그래서 '아멘'이 능력이 있는 거예요. 믿습니까? 믿습니까?

4. 내 말이 너희 안에 거하면

1) 기적 폭발의 조건 : 말씀의 지정의에 삼킨 바 됨

'내 말이 너희 안에 거하면.' 따라 하세요. 내 말이 너희 안에 거하면. 이게 도대체 무슨 말을 하는가? 내 말이 너희 안에 거한다는 말이 무슨 말인가? 하나님의 말씀을 듣고, 말씀을 듣는 순간에 내 지정의를 내려놓고 내 지정의 위에 말씀의 지정의를 올려놓는 것을 '내 말이 너희 안에 거하면'이라고 하는 거예요. 할렐루야. 거하면 해놓고 그다음 기도에 대한 말이 나오고 그다음 능력의 은사가 나오고 다 나오는 거예요. 아멘. 무엇이든지 원하는 대로 구하라. 이렇게 되는 거예요. 할렐루야. 그다음에 내가 한 일을 너도 할 것이요. 이렇게 되는 거예요. 앞의 전제 조건이 뭐냐. 내 말이 너희 안에 거하면. 따라 하세요. 내 말이 너희 안에 거하면.

거한다는 이 말을 잘 이해를 못 해서 이 하나님 말씀이 다 공중에 떠 있어요. 붕붕 떠 있단 말이에요. 이 말씀이 역사를 못 한단 말이에요. 그래서 여러분, 오늘 이 시간에 우리는 이 원리를 알았으므로 100 프로 하나님 말씀을 받아들이고 수용하고 말씀의 지정의가 내 지정의를 삼킬 수 있도록 그 일이 일어나서 앞으로 우리는 기적의 행진을 해봅시다. 시온의 대로를 열어봅시다. 할렐루야. 아멘. '스룹바벨 앞에서 높은 산이 평지가 되리라.' 누구 앞에? 하나님 말씀의 지정의 앞에!

2) 말씀에 삼킨 바 된 위인들

역사가 일어나요. 신구약 성경에 나와 있는 엘리야도 그렇고 엘리사도 그렇고 모세도 그렇고 다, 인간을 초월해서 살았던 모든 사람은 다 이 원리 때문에 그랬어요. 이 원리 때문에 그렇게 된 거예요. 할렐루야요?

그다음에 성경 기록이 끝난 뒤에 2천 년 기독교 역사에서 한 시대에 불멸의 역사를 일으켰던 모든 사람도 다 이 원리 때문에 그래요. 이 간단한 원리 때문에 그 사람들은 평범한 삶을 살지 않고 하나님과 같은 방불한 삶을 살았어요. 믿습니까? 할렐루야요? 아멘이요? 존 칼빈(John Calvin)이 쓴 〈기독교 강요〉 그게 어디서부터 나왔어요? 존 칼빈 속에 말씀이 붙어버린 거예요. 그래서 뽑어내니까 그 책은요? 그냥 제2의 성경이 되는 거예요. 다 그래요. 어거스틴(Augustine)의 『참회록』도 그렇고 다 그래요. 존 번연(John Bunyan)의 『천로역정』도 다 그래요.

모든 2천 년 역사에 인간을 초월하게 살았던 모든 사람은 다 이 원리 때문에 그렇게 돼요. 전광훈 목사까지. 그거는 또 아멘 안 하네? 그럼, 뭐, 전광훈 목사 그러면 평범한 삶을 사냐? 아니지. 나는 그래도요, 지난주예요, 제가 감방 갔다 왔어요. 여러분, 감방 못 갔지? 나요? 감방 가서 하루 갇혀 있었어요. 그런데 여기 있는 고영일 변호사님이 풀어줘서 영장 실질 심사받아서 튀어나왔어요. 아이고, 앞으로도 여러분이 기도를 좀 힘들게 해야 해요. 왜냐하면, 재판 네 번 받아야 해요. 재판 네 번 받아야 해. 그러니까 이해해요. 여러분은 절대로 나 같은 삶 못 살아요. 여러분은 한번 가볼래? 여러분은 감방 오라는 사람도 없어요. 여러분은. 한 시대의 어둠과의 싸움이. 아멘. 어둠과의 싸움이 만만치 않은 거예요. 만만치 않아. 만만치 않은 거예요. 이 어둠과의 싸움은요, 누가 나한테 뒤에서 장난한 거예요. 뻔하지, 뭐. 종북좌파. 뭐, 틀림없지. 뭐, 걔들이지. 애들 목표가 나를 감방 보내는 게 목표잖아? 그렇게 소원이면 내 한번 가 준다, 그래. 가 순다, 더러워서. 거기 가도 또 할 일은 많아요. 거기 가서 내가 옥중 서신도 써야 하고, 그리고 거기 가서 또 오네시모도 키워야 해요. 나요, 하루 거기 갇혀 있는 동안에 박근혜가 거친 거 그대로 거쳤어요. 영장실질심사 하는데, 그런데 그사이에도 나는요? 거기서도 딱 들어갔더니 나보다 먼저 들어온 놈이 하나 있어요. 젊은 사람이. 그래서 더럽지만, 또 선생님이라 그랬지. "선생님은 어떻게 오셨습니까?" 나이가 한 29살 정도 되는 거 같아요. "선생님은 어떻게 오셨습니까?" 그랬더니, 어젯밤에 술을 하도 많이 먹고 전투경찰을 두들겨 팼대. 100 프로지 뭐. 전투경찰을 그렇게 팼으니 뭐, 거기 안 올 수가 있겠어? 그래서 영장실질심사 받아서 지금 구속되길 기다리고 있다 그래요. 그래서 내가 물어봤어요. 혹시 교회를 다녀본 적 있냐니까, 자기 엄마가 권사님이래요. 자기 엄마가 권사인데 자기가 구속됐단 말을 듣고 미국에 있는 권사님이 지금 비행기 타고 한국에 왔대요. 그래서 "선생님은 교회를?" 그랬더니, 대학 다닐 때까지도 교회 잘 다녔대요. "직장 딱 들어가서 하도 선배들이 술을 먹으라고 해서 그때부터! 지금 심정은 이번에만 풀어주시면 주일을 절대 범하지 아니할 것이며." 그래요. "형제님, 기도합시다." 기도 끝나고 난 뒤에 "목사님은 어떻게 들어오셨나요?" "나는 선거법 위반으로 들어왔습니다." 아이고, 그사이에 나는 또 오네시모를 하나 키웠지. 그 안에서 또 키웠는데요.

이게요. 여러분, 잘 보세요. 하나님의 말씀이 여러분 속에 붙으면 여러분은 감방 갑니다. 왜냐하면, 요셉도 갔거든? 다니엘도 가고? 예레미야도 가고? 눈물이 나네요. 바울도 가고. 베드로도 가고. 그러고 보면 여러분, 말씀을 받아들이지 마십시오. 말씀과 연합되면 위험합니다. 주기철도 가고. 손

양원도 가고 다 가는 거예요. 그런데 왜 이 말씀을 받은 자들이 감방에 잘 갈까? 왜냐하면, 이 말씀은 이게 악과 부딪히게 돼 있단 말이에요. 여러분도 지금 말씀이 안 들어가 있으니까 지금 이게 푹 꺼져서 가만 있지, 말씀 들어가면 여러분도 강렬하게 애국 운동자로 일어서요. 목숨을 내놓는다니까요. 그럼 다른 목사님들 지금 여기 큰 교회 목사님들은 왜 가만히 있냐? 말씀이 안 들어가서 그래요. 말씀이 들어가면요, 다 순교자로 나와야 해요. 순교자로. 이 시대의 순교자로. 아멘. 갑자기 여러분, 겁먹어서 또 눈이 다 들어가는 모양이야. 손잡고 한번 해보자. <u>순교자의 길을 갑시다.</u> 이 순교자의 길을 한번 가자 이 말이에요. 할렐루야.

3) 말씀이 붙으면 역사가 일어난다

그러니까 말씀이 붙으면. 따라 하세요. <u>말씀이 붙으면.</u> 평범한 삶을 사는 게 아니에요. 기독교 2천 년 역사의 한 시대에 정말 대표적인 삶을 살았던 모든 사람 존 칼빈, 성 어거스틴 등등 모든 사람이 다 간단한 이 공식 때문에 그렇게 된 거예요. 할렐루야. 하나님 말씀의 지정의가 그 사람의 지정의를 먹은 거예요. 따라 하세요. <u>말씀의 지정의가 사람의 지정의를 먹으면 끝난다.</u> 이 원리 때문에 그래요. 이야! 이해됐어요? 이해됐으면 영광의 박수. 할렐루야. 왜 전광훈 목사가 이렇게 빵빵대며 사는지 알았죠? 내가 아끼고 아꼈던 이 노하우(knowhow)를 오늘 여러분에게 내가 정말로 아끼지 않고 다 보따리를 풀어준 거예요. 내가 그걸 다, 이렇게 노하우를 다요. 할렐루야. 어쨌든 오늘 밤에 여러분까지는 끝장내야 해요. 따라 하세요. <u>말씀의 지정의가.</u> 따라 하세요. <u>나의 지정의를 깨부수고.</u> 할렐루야. 깨부수고 딱 붙기를 바랍니다. 연합될지어다. 할렐루야입니까? 큰 역사가 일어날지어다.

그렇게 되면 여러분이 생각하는 생각이 곧 하나님의 생각이에요. 왜? 붙었으니까. 여러분이 하는 말이 다 하나님의 말과 같은 거예요. 그냥 슬슬 슬슬 장난쳐도 그게 전부 능력의 말씀이에요. 왜? 붙었으니까. 제가 여러분 앞에 이렇게 강의하거나 말씀을 이렇게 설명할 때, 슬슬 슬슬 농담하는 것들이 많잖아요? 그래도 은혜가 돼요? 안 돼요? 내가 지정의가 주님께 붙어 있었기 때문에 슬슬 장난쳐도 능력이 나는 거예요. 장난쳐도 은혜가 되는 거예요. 여러분들은요, 딱 정돈해서 컴퓨터에서 빼서 일점일획도 안 틀리고 읽어도 은혜가 안 되는 거예요. 누가 읽느냐가 중요해요. 여러분의 원고 나 줘봐요. 내가 설교하라고 해봐요. 내가 하면 은혜가 돼요. 어제 설교한 여러분 설교는 은혜가 안 돼요. 똑같은 원고 나한테 줘보라니까요. 내가 설교할 테니까. 왜? 내 지정의가 붙었거든. 붙었기 때문에 여러분의 별 볼 일 없는 설교 원고를 내가 읽으면 은혜가 돼요. 나는 지정의가 붙었습

니까요. 아멘. 역사가 일어날지어다. 두 손 들고 아멘. 할렐
루야. 큰 역사가 이루어질지어다. 앉은뱅이가 벌떡 일어날
지어다. 귀신이 쫓겨날지어다. 할렐루야. 소경의 눈이 열릴
지어다. 주님과 같은 방불한 일이 일어나길 원하시면 아멘.
여기는 하나님 말씀의 지정의만 붙으면, 말씀의 지정의만
붙으면 여기는 역사가 일어난다. 믿습니까? 할렐루야요?

와, 역사가 일어나네. 역사가. 저는 이 원리를 일찍이 알았
기 때문에 나는 한 시대를 폭풍을 치며 다닌 거예요. 뭐 미
국이고 뭐고 자시고 없어요. 내 손에 딱 걸려버리면요. 미국
가면요, 잘난 놈들 많아요. 잘난 년은 더 많아요. 아이고, 한
국에서요, 속 썩인 것들이 다 미국 가 있어요. 다. 나한테 딱
걸렸다 그러면 폭풍타가 날아가 버려요. 서울대 공대고 뭐
고 소용없어요. 서울대 공대? 한칼에 날아가 버려요. 한칼
에. 왜? 내 지정의를 말씀이 먹었기 때문에 하나님 말씀의
지정의가 나를 삼켰기 때문에. 믿습니까? 할렐루야요? 여러
분, 오늘 밤에 그렇게 한번 합시다. 옆 사람 다 손잡고 자, <u>우
리 한번 해봅시다.</u>

그러나 경고타를 말씀드릴 테니까 잘 들어보세요. 여러분
의 독립된 지정의를 말씀의 지정의와 연합하지 않고 자기의
독립된 지정의를 가지고 뭐, 목회하든지 인생을 별짓 다 해

봤자 인생 별 볼 일 없어요. 여기서 뭐, 더 이상 좋은 일 없어요. 그러나 오늘 천지개벽하는 사건이 뭐냐? 말씀의 지정의, 말씀의 지정의가 나의 지정의를 삼켰다. 먹었다. 내 생각을 말씀의 생각이 먹었다. 내 감정을 말씀의 감정이 먹었다. 그거는 끝나는 거예요. 역사가 일어나는 거예요. 믿습니까?

5. 믿음 소망 사랑 - 하나님 말씀의 지정의가 나를 삼키면 나타나는 현상

그런데 잘 보십시오. 이게 현상이 있어요. 현상. 먹은 사람과 안 먹은 사람은 현상이 있단 말이에요. 하나님 말씀의. 따라 하세요. <u>지. 정. 의.</u> 일단 하나님 말씀의 지! 생각이란 말이에요. 생각이 사람의 생각을 먹었다, 사람의 생각에 붙었다, 연합이 됐다, 사람의 생각과 합해졌다, 합해진 사람에게는 뭔 일이 생기느냐? 이 사람에게는요 일단 무엇이 생기냐 하면, 여기서 소망이 생겨나요. 소망. 뭐가 생겨나요? 그 다음에 잘 보십시오. 잘 보세요. 이 말씀의 정. 말씀의 정. 말씀의 느낌. 말씀의 감정이 인간의 정을 삼키면, 감정을 삼키면 여기서는 사랑이 일어나요. 사랑이. 뭐가 일어나요? 주님도 사랑. 사람도 사랑. 사랑의 사도가 돼요. 이게 먹힌 자에게 일어나는 현상이에요. 아멘. 하나님의 의지가 내 의지를 먹으면 여기서는요, 믿음, 소망, 사랑. 따라 하세요. <u>믿</u>

음. 믿음을 통하여 연합이 되는 거예요. 사랑을 통하여 연합이 되는 거예요. 소망을 통하여 연합이 되는 거예요. 그래서 믿음, 소망, 사랑이 여기에 붙게 되는 거예요. 사람의 지정의에 딱 붙게 되는 거예요. 따라 하세요. 믿음, 소망, 사랑. 이것이 지정의에 딱 붙어버려요. 이야! 따라 하세요. 이야!

여러분이 가지고 있는 인간적 사랑에 머물지 않고 하나님의 사랑이 뒤집어씌워져 버려요. 하나님의 사랑이 내 사랑을 삼켜 버립니다. 믿습니까? 할렐루야. 인간의 소망과 기대, 이 땅에서 뭐 몇 가지 해보려고 이 땅에서 뭘 이렇게 한두 가지에 대한 희망을 가지고, 기대 가지고 거기에 머물지 마시고 하나님의 하늘의 소망이 부어질지어다. 아멘. 하늘소망교회. 하늘소망교회 들어봤어요? 김종대 목사님 교회 이름이 하늘소망교회잖아요. 김종대 목사님이 이걸 잘 알았는가 봐. 목사님 오셨나? 오늘 안 오셨나? 오셨어요? 아이고, 하늘소망 잘 지었어요. 난 저음에는 하늘소인 줄 알았어요. 하늘소. 하늘소망교회. 소망. 소망이 일어난단 말이에요. 아멘. 믿음이 일어날지어다.

그래서 이 영은요? 영은 영을 노려요. 영을 노린단 말이에요. 사단의 영. 마귀의 영. 사단이 사람의 뭘 노리냐? 인간의 지정의를 노린단 말이에요. 지정의가 목적지란 말이에요.

지정의를 틀어잡아 버리면 그 사람을 다 갖는 거예요. 성령도 마찬가지예요. 성령도 인간의 지정의를 노린단 말이에요. 성령도 그걸 챙겨 쥐려 한단 말이에요. 그래서 여러분과 제가 하나님의 성령과 연합해야 합니다. 믿습니까? 영은 영을 노리는 거예요. 영은 영을 노린다. 삼킨 바가 된다. 그래 이걸 다른 말로는 삼킨 바가 됐다 그래요. 사도바울이 그래요. 삼킨 바가 됐다. 우리 다 하나님의 삼킨 바가 됩시다. 삼킨 바가 되자. 그러면 놀라운 역사가 일어나요. 아멘. 할렐루야. 두 손 들고 아멘. 큰 역사가 일어납시다. 큰 역사가 일어납시다. 큰 역사가 일어납시다. 할렐루야.

그래서 뭐든지 원리를 알고 보면 간단하다고요. 기독교 2천 년 역사에서 한 시대에 불멸의 삶을 살았던 사람들은 특별한 게 아니라니까요. 이것이 이렇게 돼서 역사가 일어난 거예요. 이것이 이렇게 딱 붙어서 여기서 역사가 일어나는 거예요. 아멘. 뭐 특별한 이름 안 쓰인 사람도 마찬가지예요. 뭐 주기철, 손양원 다 마찬가지예요. 뭐 길선주 다 마찬가지고, 뭐 중국의 허드슨 테일러(James Hudson Taylor)도 마찬가지예요. 인도의 윌리엄 캐리(William Carrey)도 다 마찬가지예요. 모든 사람은 본인이 알았든지 몰랐든지 간에 이것이 잠정적으로 셋업(set up)이 된 거예요. 딱 붙은 거예요. 말씀의 지정의. 따라 하세요. 말씀의 지정의. 무디

(D. L. Moody), 스펄전(C. H. Spurgeon), 찰스 피니(Charles G. Finney), 요한 웨슬레(John Wesley), 조나단 에드워즈(Jonathan Edwards) 달달 나오잖아요? 따라 하세요. <u>무디, 스펄전, 찰스 피니, 요한 웨슬레, 조나단 에드워즈.</u> 이 모든 사람이 바로 이 원리가 이루어진 거예요. 이 원리. 이 원리가 이루어진 겁니다. 이 원리가. 할렐루야. 성경을 왜 읽나요? 하나님 말씀을 왜 읽나요? 이렇게 만들려고. 이렇게 되려고. 말씀이 내 속에 들어와서 나의 지정의를 다 삼켜! 이거 만들려고 한다. 믿습니까? 〈구주 예수 의지함이〉입니다. 손뼉 준비. 역사하여 주시옵소서. 아버지.

찬송가 340장 〈구주 예수 의지함이〉

1. 구주 예수 의지함이 심히 기쁜 일일세
   허락하심 받았으니 의심 아주 없도다

(후렴) 예수 예수 믿는 것은 받은 증거 많도다
   예수 예수 귀한 예수 믿음 더욱 주소서

2. 구주 예수 의지함이 심히 기쁜 일일세
   주를 믿는 나의 맘을 그의 피에 적시네

3. 구주 예수 의지하여 죄악 벗어 버리네
안위 받고 영생함을 주께 모두 얻었네

4. 구주 예수 의지하여 구원함을 얻었네
영원무궁 지나도록 함께 계시리로다

찬송가 182장 〈구주의 십자가 보혈로〉

1. 구주의 십자가 보혈로 죄 씻음 받기를 원하네
내 죄를 씻으신 주 이름 찬송합시다

(후렴) 찬송합시다 찬송합시다
내 죄를 씻으신 주 이름 찬송합시다 아멘

2. 죄악을 속하여 주신 주 내 속에 들어와 계시네
십자가 앞에서 주 이름 찬송합시다

3. 주 앞에 흐르는 생명수 날 씻어 정하게 하시네
내 기쁜 정성을 다하여 찬송합시다

4. 내 주께 회개한 양심은 생명수 가운데 젖었네
흠 없고 순전한 주 이름 찬송합시다

Ⅳ.
하나님 말씀으로 승부를 보자

1. 말씀을 보내어 사람을 고치시는 하나님

아멘. 할렐루야. 그래서 이제 세 번째는 마귀입니다. 마귀. 따라 하세요. 마귀. 이건 이제 내일 하려 그래요. 내일 하려고 하는데 어떻게 마귀가 사람을 가지고 노는가? 이 세 번째 동그라미 내일 하려고 해요. 사단이 사람을 가지고 노는 원리가 있어요. 여러분은 사단의 장난감 되지 맙시다. 그런데 사단의 장난감을 누가 되고 싶어서 되느냐? 누가 되고 싶어 하는 사람이 어디 있어요? 자기도 모르게 그렇게 돼버리는데요. 누가 사단의 장난감 되려고 누가 그래요? 그런데 돼요. 그냥 그렇게 되는 거예요. 이 원리 모르면 그냥 되는 거예요. 여러분은 사람의 종이 되지 마십시오. 아멘. 내가 사람의 종이냐? 아니다, 이거예요. 아멘. 누가 사람의 종이 되고 싶어 사람의 종이 되냐고요?

그러니까 여러분들이 설교하다가 옛날 목사님들 실수하는 것처럼 설교하다가 자기의 권위가 딸리니까 권위를 높이려고 사서삼경에서 끌고 들어오면 돼요? 안돼요? 뒤지도록 혼나요. 하나님 앞에 뒤지도록 혼나요. 문학 전집에 있는 그러한 말을 끌고 들어오면 돼요? 안돼요? 뒤지도록 혼나요. 뒤지도록 혼나. 그런다고 네 설교가 품위 있는 게 아니야. 따라 하세요. <u>아니야.</u> 어디 걸 끌고 들어오고 난리야 이거. 전광훈 목사처럼 하나님 말씀만 갖다 대. 아멘. 그래도 시간 남거든 욕이나 해. 나처럼 욕이나 해. 욕으로 때워. 왜 쓸데없이 말이야 무슨 뭐 공자님이 가로되? 웃기고 앉았어. 나는 구역질 나려 그래. 진짜 구역질 나려 그래. 서정희 표현대로 토하려 그래. 토하려고. 아유, 참나. 영의 반응이 속에서 거부반응이 안 일어날까? 설교하다 심심하면 말이야, 공자님 가로되, 뭐 공자님 왈, 뭐 소크라테스가 어쩌고. 아이, 참, 나. 소크라테스 같은 소리 하고 앉았네. 뭐 플라톤의 뭐 이상국가론? 개지랄 떨고 있어. 아리스토텔레스가 뭐, 어쩌고 저쩌고. 정말 정신 나간 소리 하고 앉았네. 아니 이 속에서 영의 거부가 안 일어날까?

하나님 말씀이 좋아요. 말씀으로 시작하여, 말씀으로 진행하고, 말씀으로 끝내야지. 따라 하세요. <u>말씀으로 시작하고, 말씀으로 진행하고, 말씀으로 끝내야지.</u> 거기에 능력이 있다. 거기에 역사가 있고 성령의 지지가 있고 성령의 후원이 일어나고. 믿습니까? 내일은 이제 세 번째 사단 마귀도 어떻게 사람을 가지고 노느냐? 꼭 내일까지 듣기를 바랍니다. 가기만 해 봐. 머리를 다 잡아 뜯어 버린다. 이것도 모르면서 뭐 하러 살라 그래. 참 나. '저 새끼가 말이야 새끼야 내 머리가 다 쉬었는데 이 새끼야. 내 머리를 잡아 뜯어? 새끼야.' 누구는 안 쉬었나? 나도 쉬었지. 다시 시편 109편이요. 1절부터 한번 읽어봐요. 시작.

(시 107:1-7)

1. 여호와께 감사하라 그는 선하시며 그 인자하심이 영원함이로다

2. 여호와께 구속함을 받은 자는 이 같이 말할찌어다 여호와께서 대적의 손에서 저희를 구속하사

3. 남북 각 지방에서부터 모으셨도다

4. 저희가 광야 사막 길에서 방황하며 거할 성을 찾지 못하고

5. 주리고 목마름으로 그 영혼이 속에서 피곤하였도다

6. 이에 저희가 그 근심 중에 여호와께 부르짖으매 그 고통에서 건지시고

7. 또 바른 길로 인도하사 거할 성에 이르게 하셨도다

자, 23절부터 한번 읽어봐요. 신세타령 한번 해 봐요. 시작.

(시 107:23-29)

23. 선척을 바다에 띄우며 큰 물에서 영업하는 자는

24. 여호와의 행사와 그 기사를 바다에서 보나니

25. 여호와께서 명하신즉 광풍이 일어나서 바다 물결을 일으키는도다

26. 저희가 하늘에 올랐다가 깊은 곳에 내리니 그 위험을 인하여 그 영혼이 녹는도다

27. 저희가 이리 저리 구르며 취한 자 같이 비틀거리니 지각이 혼돈하도다

28. 이에 저희가 그 근심 중에서 여호와께 부르짖으매 그 고통에서 인도하여 내시고

29. 광풍을 평정히 하사 물결로 잔잔케 하시는도다

그렇지. 인생살이가 이와 같다, 이거예요. 아멘. 그럴 때 하나님은 사람을 어떻게 건지는가? 다시 앞으로 돌아가세요. 앞으로 돌아가서 10절입니다. 시작.

(시편 107:10-11)

10. 사람이 흑암과 사망의 그늘에 앉으며 곤고와 쇠 사슬에 매임은

11. 하나님의 말씀을 거역하며 지존자의 뜻을 멸시함이라

하나님의 무엇을 거역했다고요? 거봐요. 말씀 거역하는 것이 얼마나 무서운 일인가. 이렇게 된 이유는 하나님의 무엇을 거역했다? 말씀을. 따라 하세요. 말씀을. 따라 하세요. 거역하며. 뭘 거역했다? 말씀을 거역했다. 하나님 말씀을 거역했다. 자, 우리 옆 사람 다 손잡고 해 봐요. 말씀을 거역하지 맙시다. 말씀을 거역하는 자체가 하나님 본체를 거역하는 거예요. 그러나 우리가 하나님 앞에 깨어지면, 19절입니다. 시작.

(시 107:19-20)

19. 이에 저희가 그 근심 중에서 여호와께 부르짖으매 그 고통에서 구원하시되

20. 저가 그 말씀을 보내어 저희를 고치사 위경에서 건지시는도다

이에 그들이 여호와께 뭐 하매? 다시 해봐요. 주여. 이렇게 부르짖으면. 다시요. 주여. 여호와께 부르짖으매. 그 고통에서 뭐 하시고? 구원하시는데, 어떻게 구원하나? 저가 그 무엇을 보내어? 봐요. 말씀을 보낸다 그랬죠. 말씀을 내게 탁 보내준다 이거예요. 말씀을 보내어 모든 걸 해결한다, 이 거예요. 아멘. 다시. 주여. 오늘 말씀이 내려올지어다. 부르 짖는 자에게 주님 말씀이 내려와 있다. 할렐루야. 다시요.

<u>주여.</u> 이렇게 하면 말씀이 내려온다. 말씀이 내려와서 우리의 모든 문제를 해결한다 이거죠. 왜 말씀이 그렇게 했는가. 말씀이 하나님의 본체니까 그래요. 할렐루야. 오늘 밤도 부르짖는 중에 말씀이 보내지기를 바랍니다.

2. 말씀을 암송하자

그래서 우리가 신구약 성경의 사역자가 되려면요, 신구약 성경을 다 외울 수는 없어도 최소한 요절을 천 개는 외워야 해요. 천 개. 천 개는 외워야 한다고요. 목회하는 목사님들이 신구약 성경에 중요한 말씀을 천 개를 안 외운다? 그래서 어떻게 말씀이 역사하냐? 그래서 말씀이 어떻게 꽂히냐고? 전광훈 목사같이 말씀을 이렇게 많이는 못 외울지라도 천 구절은 외워요. 천 구절. 천 구절 쉬워요. 천 구절 쉽단 말이야. 쉬워요.

나는 이 세상에서 성경 구절을 제일 많이 외우는 사람을 봤어요. 우리 장모님 이정순입니다. 대단해요. 대단해. 야, 성경을 일개 여자가요, 뿜어 나오는 거 보면요. 사람을 500명 놓고요. 한 사람당 5구절씩을 때린다니까. 500명을 놓고 각기 다른 성경을 때린다니까. 500명 놓고 따다닥. 이거 신기해요. 그냥 500명 놓고요, 5구절을 그냥 눈 감고 그냥 다 때려버려요. 5구절을. 그냥 눈 감고 그냥 다 때려버려요. 그 자체가 신비함이야. 성령으로 나타나는 거예요. 할렐루야. 그러니까 본인한테 떨어진 말씀을 본인이 다 적지도 못해요. 하도 말이 빨라서. 나중에 또 물어봐요. "집사님, 아까 내가 뭐라고 했어? 성경 5구절 내가 때렸지? 그 5구절 얘기해 봐." 그러면 받아 적은 걸 말해요. "그래요. 시편 몇 장 몇 절이에요." 읽으라고 해요. 본인 보고 읽으라고 해요. 본인이 읽어요. "거기서 주님 음성이 안 들려?" 이렇게 물어봐요. 본인이 못 들으면 해석해 줘요. 이거는 이런 말씀이라고. "두 번째 구절 얘기해 봐." 그러면 틀리게 적은 걸 말해요. 그런데 틀리게 적은 걸 잡아내 버려요. "내가 아니라 그랬잖아. 그거 아니라니까. 거기 다음 절이라 그랬지." 그리고 500명을 놓고요, 잘못 적은 걸 다 잡아내 버려요. 나는 성령이, 난 성령의 역사함의 현장을! 내가 그분의 사위였습니다. 사위. 내 그분의 사위였다고요. 사위. 〈슬픔으로 낙심될 때〉입니다. 하나님의 역사가 일어납니다. 수여, 아버시, 말씀의 지정의가 나를 삼켜주시옵소서. 말씀의 지정의가 나를 붙잡아 주시옵소서.

＜슬픔으로 낙심될 때＞

1. 슬픔으로 낙심될 때 누가 나를 위로하리
예수 오직 예수
험한 세상 나그네길 인도할 이 누구인가
예수 오직 예수
나는 믿네 생명 되신 주님 예수 오직 예수 예수
믿음 소망 사랑되신 주님 예수 오직 예수

2. 귀한 생명 희생하여 누가 나를 구원하리
예수 오직 예수
내 마음과 성품 다해 사랑할 이 누구인가
예수 오직 예수
나는 믿네 생명 되신 주님 예수 오직 예수 예수
믿음 소망 사랑되신 주님 예수 오직 예수

3. 삶의 짐이 무거울 때 누가 나를 위로하리
성령 오직 성령
사람보고 실망할 때 용기 줄 자 누구인가
성령 오직 성령
나는 믿네 생명 되신 성령 성령 오직 성령 성령
믿음 소망 사랑되신 성령 성령 오직 성령

4. 대한민국 나의 민족 누가 이 땅 구원하리
성령 오직 성령
청교도의 신앙으로 칠천만을 구원하리
사랑 오직 기도
대한민국 소망되신 성령 성령 오직 성령 성령
믿음 소망 사랑되신 성령 성령 오직 성령

아멘. 따라서 합니다. 주여. 하나님의 말씀의 지정의가 나의 지정의에 붙어야 합니다. 이게 안 붙으면 아무 일도 안 됩니다. 붙으면 사람 이상의 하나님과로 이사 갑니다. 우리가 사람이지만 하나님과로 이사 갑니다. 하나님과로 이사 가기를 원하시면 아멘. 두 손 들고 아멘. 예수님과 같은 방불한 일이 한번 일어나길 원하시면 아멘. 두 손 들고 아멘. 나의 지정의가 삼킨 바가 되면. 따라 하세요. 삼킨 바가 되면. 말씀의 지정의에 삼킨 바가 되면 역사는 일어납니다. 이번에 승부합시다. 내 지정의가 말씀의 지정의에 삼킨 바 될 수 있도록 이번에 승부합시다.

두 손 높이 드시고, "주님, 역사하여 주시옵소서. 말씀의 지정의여, 나를 삼켜주세요. 말씀의 지정의여, 나의 지정의를 삼켜주옵소서." '주여' 삼창하며 기도하겠습니다. 주여! 주여! 주여!

02

말씀의 뜻을 알고 받아들이자

설교 일시	2017년 10월 31일(화) 낮 집회
장　　소	실촌수양관
대　　상	청교도 말씀 학교 목사, 사모
성　　경	요한복음 6:63

63 살리는 것은 영이니 육은 무익하니라 내가 너희에게 이른 말이 영이요 생명이라

Ⅰ.

이번 주 주제
: 하나님의 말씀

1. 사람의 말은 영혼을 싣고 나온다

자, 이번 주에는 우리가 하나님의 말씀. 따라서 하세요. <u>하나님의 말씀.</u> 사람의 육체 안에는 무엇이 살고 있다. 그것을 가리켜 뭐라 그러냐? 영혼이라고 합니다. 영혼. 따라서 하세요. <u>영혼.</u> 사람의 육체 안에는 영혼이 살고 있다. 영혼이. 그런데 사람의 육체 안에 살고 있는 이 영혼이 세 가지의 기능이 있다. 세 가지의 기능. 한번 따라서 하세요. <u>생각의 기능.</u> 생각할 줄 안다는 거죠. 자, 따라서 하세요. <u>느낌의 기능.</u> 그렇지. 따라서 하세요. <u>의지의 기능.</u> 한자로 말하면 지정의라고 하는 이것을 가진 영혼이 사람 속에 살고 있나, 이거에요. 동의하십니까? 이것이 빠지면 사람이 아니죠. 사람 속에는 영혼이 살고 있는데, 영혼의 3대 기능. 다시 한번 따라서 합니다. <u>생각.</u> 따라서. <u>느낌.</u> 따라서. <u>결단.</u> 세 가지 기능이 있는데, 이것이 가끔가다가 바깥으로 나올 때, 바깥으로 나온단 말이에요. 사람 육체 속에서 바깥으로 영혼이 나간다 이거예요. 나갈 때는 무엇을 통하여 나가느냐? 말을 통하여 나간다는 거예요. 말을 통하여 나가니까 당연히 사람의 말은 이 영혼을 싣고 나오는 거예요. 그래서 예수님이. 요한복음 6장 63절을 꼭 기억해야 합니다. 다시 한번 읽어보겠습니다. 자, 6장 63절 시작.

(요 6:63)
살리는 것은 영이니 육은 무익하니라 내가 너희에게 이른 말이 영이요 생명이라

자, 따라서 합니다. 내가 너희에게 이른 말이 곧 영이요. 어떻게 말이 영이 될 수 있을까요? 이와 같은 원리 때문에, 사람의 말은 인간 속에 있는 영혼을 싣고 나온다. 당연히 인간의 말속에는 영혼이 실려 나오기 때문에. 한번 따라서 합니다. 지. 정. 의. 이것을 사람의 말 속에 싣고 나온다, 이거예요. 이해됐으면 아멘. 싣고 나온다, 이거예요.

2. 말과 연합하면 능력도 공유

그런데 사람에게서부터 영혼을 싣고 나온 이 말이, 이것이 또 다른 사람 속으로 들어간다는 거예요. 다른 사람. 들어가서 이 사람이 가지고 있는 영혼에 붙어버립니다. 붙어요. 믿습니까? 어디에 붙느냐? 이 사람도 영혼이 있기 때문에, 영

혼의 3대 기능을 가지고 있거든요. 한번 따라서 합니다. 생각. 다시요. 감정. 따라서. 의지. 여기에 말이 달라붙는 거예요. 말이 들어간단 말이에요. 들어가서 딱 착상한다, 이거예요. 그래서 연합을 일으켜요. 연합. 말이 사람 속에 들어가서 연합을 일으키는 거예요. 이렇게 연합을 일으키면, 이 사람이 어떤 다른 사람의 말과 연합이 되면 그 사람을 뭐라 그러냐? 사람의 사람이라고 그래요. 따라서 합니다. 사람의 사람. 그 사람의 능력이 이 말을 받는 사람을 통하여 나타나는 거예요. 자, 한 가지 예를 들면, 아인슈타인(Albert Einstein)이 있어요. 물리학의 천재입니다. 이 지구촌의 물리학을 과거의 물리학과 현대물리학으로 분기점을 나눈 그야말로 지금 북한이 핵무기 만들어서 까부는 모든 것의 시작인 아인슈타인의 상대성이론 $E=mc^2$. 그동안 물리학이 원자핵이 있고 전자가 돌고 하는 이것이 누구도 변화가 안 되는 줄 알았어요. 그런데 아인슈타인의 상대성 원리에 의하여 인간들이 생각했던 보편 개념을 깨버린 거예요. 그러면 아인슈타인이 말하는 상대성 원리 $E=mc^2$, 이것을 사람의 말을 받아들였다, 그 사람 말을 이해했다, 사람 말이 다른 사람 속에 들어갔다 그러면 그 사람도 원자탄을 만드는 능력이 생기는 거예요. 아인슈타인의 능력이 그 사람으로 전이가 된다는 거예요. 이해돼요?

이렇게 말이 무서운 거예요. 말과 연합하면 사람의 능력도 공유하는 거예요. 아멘. 그러니까 사람이 어떤 말을 듣느냐에 따라서 그 사람의 능력이 그만큼 업이 되는 거예요. 그래서 사람들이 책을 읽는 거예요. 왜 읽냐? 나보다 더 나은 사람이 쓴 책을 많이 읽어서 그 말들을 자기 속에 받아들이려고요. 그래서 그 사람은 현재보다 훨씬 더 강한 사람으로 되려고 이렇게 한단 말이에요.

Ⅱ.
하나님의 말씀은 영이다

1. 하나님의 영은 말씀을 통해 나온다

이와 같은 원리는, 이것은 사람에게만 그렇게 된 것이 아니라 어젯밤에 제가 말씀드리기를 이것은 하나님도 동일한 거예요. 하나님도 본체는 지금 어디 계시냐? 하나님의 보좌에 계십니다. 그런데 그 하나님도 존재가 영이란 말이에요. 따라서 하세요. 하나님은 영이시요. 하나님의 영의 본체는 어디 있냐? 하나님의 보좌에 계시지요. 그런데 하나님이 보좌에서 바깥으로 나올 때는 뭘 통해 나오냐? 말을 통해. 말. 따라서 하세요. <u>말씀을 통하여 나온다.</u> 하나님도 영이시니까 하나님의 영도 인간의 영과 같이 이런 기능을 가지고 있어요. 따라서 하세요. <u>생각.</u> 하나님도 생각할 줄 안단 말이에요. '내 생각은 너희 생각과 다르며.' 이사야 55장에 쓰여 있잖아요? '내 생각은 너희 생각과 다르며.' 하나님의 생각이 있단 말이에요. 그다음 따라서 하세요. <u>느낌.</u> 하나님도 감정이 있단 말이에요. 탄식도 하시고, 하나님도 슬퍼하시고, 때에 따라서 하나님이 기뻐하시고. 그리고 하나님도 의지가 있어요. 의지. 그러니까 하나님에게도 지정의가 있는 거예요. 지정의. 하나님도 지정의가 있다, 이거예요. 동의하십니까? 그런데 이것이 이 하나님의 영이 바깥으로 나올 때는 말씀을 통하여 나오기 때문에 하나님의 말씀에는 하나님의 영이 실려 나온다. 동일체예요. 동일체. 따라서 하세요. <u>말씀이 영이다.</u>

2. 하나님 말씀과 연합하자

그러니까 하나님 말씀에는 당연히 이 세 개를 끌고 나오죠. 하나님의 생각, 하나님의 감정, 하나님의 의지가 실려 나온단 말이에요. 나오는데 이 하나님의 말씀 속에 실려 나온 하나님의 영이. 생각, 감정, 의지 이것이 또 사람 속으로 들어간단 말이에요. 여러분과 내 속으로 들어온다, 이거예요. 들어와서 인간의 영혼을 만지게 되는 거예요. 인간의 영역에 이것이 달라붙는단 말이에요. 하나님 말씀이. 아멘. 생각은 생각에 붙고, 감정은 감정에 붙고, 의지는 의지에 붙어서 하나님 말씀을 읽으면 하나님과 같은 생각과 감정, 의지를 우리가 공유할 수 있게 된다. 다 여러분, 전이되기를 바랍니다. 말씀이 전이됩시다. 따라서 하세요. <u>말씀이 전이되자.</u>

그래서 하나님 말씀이 사람과 연합을 해요. 연합. 연합을 일으키면 어떻게 되나? 사람의 말과 연합을 일으키면 아인슈타인의 능력이 나타나요. 원자탄을 만드는 능력이 나타나요. 그러나 하나님의 말씀이 사람과 연합되면, 그 능력이 사람인데 하나님의 능력이 나타나는 거예요. 그래서 요한복음 10장에 하나님의 말씀을 받은 자는 곧 신이라 하였거든요. 하나님이 된다 이거예요. 이해되시면 아멘. 요한복음 10장 다시 한번 보시면, 자 이 원리를 잘 보시면, 말씀과 연합되면. 34절 말씀 한목소리로 읽겠습니다. 시작.

(요 10:34-35)

34. 예수께서 가라사대 너희 율법에 기록한바 내가 너희를 신이라 하였노라 하지 아니하였느냐

35. 성경은 폐하지 못하나니 하나님의 말씀을 받은 사람

들을 신이라 하셨거든

하나님의 말씀을 받은 자는 뭐라고요? 이것을 신이라고 읽으면 안 돼요. 하나님이에요. 하나님. 여러분 다 인간과에서 하나님과로 옮겨지는 거예요. 그러니까 사람인데 하나님과 방불한 일을 하게 되어서, '너희들은 백성에 대하여 하나님처럼 되리라.' 사도행전 같은 데 보면 베드로, 바울 같은 사람 보면? 사람이 아니에요. 하나님 자체가 움직이는 것 같아요. 죽은 사람에게 "도르가야, 일어나라." 그러니까 일어나잖아요? 이번에 여기에 계시는 동안에, 오늘 저녁 내일 오전까지 있는 동안에, 이 주제로 우리가 성경을 쭉 상고해 나가다가 지금 한 테마를 끼워 넣었어요. 끼워 넣었는데, 이걸 왜 내가 특강 하냐? 하나님의 말씀과 연합하는 게 얼마나 큰 일이란 것을 여러분이 깨달아야 해요. 그러면 여러분이 하나님이 되는 거예요. 하나님. 베드로처럼 되는 거예요. 베드로. 우리가 바울처럼 되는 거예요. 마치 하나님과 방불한 것 같은 역사가 일어나는 거예요. 이게 말씀과 연합된 사람에게 일어나는 역사예요. 오늘 저녁을 기대하시라. 어떤 일이 일어날지는 오늘 밤에 우리가 성경의 원리를 알아야 하는 거예요. 절대로 하나님의 일은 사람의 힘으로는 불가능해요. 여러분과 제가 하는 이 일은 인간의 힘으로 될 일이 아닌 거예요. 이거는요, 이거는 하나님의 능력이 우리를 통하여 나타나야 해요. 이런 원리로 나타나요. 이런 원리로. 그래서 말씀과 연합한다는 것이 얼마나 큰일이라는 것을 깨달으시고, 철저히 말씀과 연합하자. 옆 사람 다 손잡고 해 봐요. 자, 말씀과 연합합시다. 말씀과 여러분, 연합해서 큰 역사가 일어나기를 바랍니다. 믿습니까? 할렐루야. 이렇게 안 되면 이거는 하나님의 일이 불가능한 거예요. 여러분과 제가 주의 일 한다는 것이 이게 이것이 쉬운 일이 아니에요. 이게 안 된단 말이에요. 그러나 하나님의 말씀을 받은 자는 곧 그 사람이 하나님이 된다. 그래서 모세 같은 일이 이루어진다. 베드로 같은 일이 이루어진다. 바울 같은 일이 이루어진다. 할렐루야. 아멘. 아멘. 큰 역사가 이루어져서 우리 한 번 예수 한국 만들어 봅시다. 예수 한국 만들어 보자 이거예요. 할렐루야.

3. 말씀을 받는 자세를 바로 갖자

그런데 이 원리를, 이것을 거의 몰라요. 그래서 우리 여기 청교도에서 증거된 말씀 중에 '이성의 불완전'이라고 알잖아요? '이성의 불완전.' '이성의 불완전' 알지요? 손들어봐. 아는 사람 손들어. 손 내려 봐. 모르는 사람은 뭐야? 중간에 오신 분들은 뭐냐? '이성의 불완전'이라고 기 똥 찬 거 있잖아요? 이게 지금 사상연구소에 들어가 있다니까요? 그리고 바로 이 테마, 이게 얼마나 이게 대단한 심리학적인 이것이 이루어졌는지를 잘 아시고 여러분, 여기서 듣는 걸 그냥 공짜로 들으니까 이 말씀 자체도 후지다고 생각하면 안 돼요. 참, 내가 미치고 팔짝 뛰는 거야. 왜냐하면, 여러분이 말씀을 받는 자세가 형편없는 거예요. 형편없어. 일단은 내가 평신도 때, 중고등학교 다닐 때, 이 말씀을 붙잡고 몸부림치는 거기에 목사인 여러분들이 10분의 1도 자세가 안 되는 거예요. 내가 평신도 중고등학생 때 몸부림쳤던 이 말씀을 향한 열정, 여기에 대해서 10분의 1도 여러분이 지금 못 따라오는 거예요. 그러니 뭐가 되겠냐고. 뭐가?

추석날 집회할 때 왜 안 왔어? 야, 이 나쁜 놈들아. 이 나쁜 년들아. 목사가 돼서 그래, 제사 지내러 갔냐? 전광훈 목사인들 왜 추석날, 열흘 노는 동안에 나도 왜 외국에 놀러 가고 싶은 마음이 왜 없고 나도 집에서 놀고 싶은 마음이 왜 없냐고? 그러나 나는 정말 복음을 위하여, 너무 추석 열흘이 기니까, 그냥 놔두면 사단이 여러분을 가지고 놀 것 같아서 내가 와서 여기서 그때 우리 뭐 했나? 룻기서 했잖아? 또 오래니까, 추석을 뭘 열흘 동안을 지키냐? 속 탔어. 속 탔어. 안 온 놈들 손 들어봐.

나는 예수를 처음 믿고부터 지금까지 한 번도 난 추석을

지킨 적이 없어요. 성령이 세게 오니까 이 속에서부터 거부 반응이 일어나더라고요. 누가 나를 가르친 게 아니에요. 그냥 속으로부터 싫은 거예요. 아멘. 그래서 난 추석날 되면요, 무조건 삼각산 올라가요. 올라가서 나 혼자 기도해요. 서울시를 향하여 두 손 들고. "하나님, 오늘은 동양 삼국을 보지 마세요. 중국, 일본, 싱가포르, 대한민국 보지 마세요. 향불 냄새 보지 마세요. 이 피조한 창조물이, 인간들이 썩을 짓을 하고 있으니, 하나님, 추석날 이 대한민국 보면 열받으니까 다른 사람 보지 말고 나만 보세요. 나만. 내가 대표로 하나님께 기도하러 왔습니다. 대표로." 그래서 이 습관은 계속되어서 결혼한 뒤에 우리 집사람에게 추석날 "가자!" 그러니까 어디 가냐고 해요. "기도하러 간다." "추석날 왜 가냐?" "이 사람아, 이 불쌍한 대한민국 성도들, 이 썩어빠질 목사들." 목사들이 돼서 제사상 앞에 딱 서서 뭐? 절만 안 하면 되고 머릿속에 묵도만 하면 된다고? 제사상에 같이 서서? 목사들이 그따위로 가르쳐요. 이 정신 나간 놈들이. 그래 놓고 뭔 성령 받으라고 떠들고 난리야. 하나님 붙잡고 장난치면 안 돼.

다니엘의 세 친구 보라고요. 다니엘의 세 친구. 느부갓네살 왕이 "사드락, 메삭, 아벳느고, 내가 너희를 죽이기 너무 아깝다. 내가 너희 같은 사람 키우기가 얼마나 힘들었냐. 그러므로 여기 밑에 너희를 참소하는 신하들이 다 너희를 죽이려고, 나를 속여서 법을 만들어서 너흴 오늘 여기다 사형장에 세웠는데. 너흴 위해서가 아니라 나를 위해서 너희는 살아다오. 왕이 또 한 번 말한 것을 내가 말을, 법을 바꿀 수가 없으니, 이제 다시 한번 다른 사람한테는 기회 안 주는데, 다시 한번 너희에게 나팔과 제금과 수금과 비파를 부를 테니 그냥 다른 사람처럼 절하지 말고 그냥 모가지만 이렇게 탁 이것만 해야겠다. 이것만 하면 그걸 근거로 하여 내가 너희를 살려주겠다." 그러니까 뭐라 그래요? "왕이여." 따라서 하세요. <u>왕이여.</u> "그럴 필요가 없나이다. 다시 악기를 연주하지 마세요. 100번 연주해도 우리는 고개를 까딱은 고사하고, 쳐다보지도 않고. 아멘. 우리는 그럴 리가 없습니다."

오늘날도 추석날 되면 방송에서 온 전국에서 우상에게 절하라고요? 수금과 비파와 나팔과 제금 소리가 그때만 있었는 줄 알아요? 지금노 있는 서예요. 여기에 목시들이 춤을 추는 거예요. 여기에. 느부갓네살이 그 나팔 소리에 춤을 추는 것처럼. 지금도 명절 되면요? 목사들이 먼저 흥분해요. 먼저 흥분해. 왜? 그거 성도들이 사과 박스(box) 몇 개 사 오는 거. 많이도 안 사와. 두 박스밖에 안 사와. 그거 얻어 처먹으려고 말이야. 명절에 흥분하는 거예요. 에라 이 씨. 정말 에라 이. 따라서 하세요. <u>에라 이.</u>

4. 사람 속으로 들어간 말은 연합을 일으킴

1) 사람의 능력이 나타남

자, 이제 앞에부터 우리 다시 한번 점검해 보고. 사람 속에는 무엇이 살고 있다? 영혼에는 몇 가지 기능? 첫째 뭐라고요? 생각. 그다음에? 그런데 이것이 바깥으로 나오는 수가 있다. 나올 때는 뭘 통하여? 말을 통해 나오니까 사람의 말에는 영이 실려 나온다. 그 사람 말은 곧 영이에요. 영이 실려 나오니까, 사람 말속에도 당연히 세 개가 실려 나오지요. 따라서 하세요. <u>생각.</u> 따라서 하세요. <u>감정. 의지.</u> 그래 사람의 말 들으면, 사람이 사람 말 들으면 운단 말이에요. 말 들으면 또 웃는단 말이에요. 왜 그러냐 하면, 말이 사람 속으로 들어간단 말이에요. 들어가서 사람이 가지고 있는 영혼과 둘이 붙게 돼요. 이 원리는 잘 알아들어야 합니다. 따라서 하세요. <u>말이 사람 속으로 들어간다.</u> 들어가서 붙는단 말이에요. 원래 사람이 가지고 있는 영혼에게 딱 붙는단 말이에요. 말을 통하여 붙는 거예요. 그러니까 더러운 말을 들으면, 이 사람도 더러운 사람이 돼요. 이해돼요? 낙심한 사람, 자꾸 한숨짓고 부정적인 말을 하는 사람 말을 들으면 그 사람도 바로 부정적 사람이 되는 거예요. 아멘. 그래서 사람은 무슨 말을 듣느냐에 따라서 그 사람도 그렇게 되는 거예요.

그래서 연합해요. 연합. 따라서 하세요. <u>연합.</u> 아인슈타인의 말을 딱 들으면요, 아인슈타인 같은 능력이 나타나요. $E=mc^2$이라고 하는 상대성 원리 그 아인슈타인의 말을 딱 들어버리면 그 사람이 원자탄을 만든다니까요. 그게 아인슈타인만 원자탄 만드는 게 아니에요. 아인슈타인의 말이 사람 속으로 들어가면 그 사람도 아인슈타인이 되는 거예요. 똑같은 능력이 나타나는 거예요. 이렇게 무서운 거예요. 이해됐어요?

2) 하나님의 능력이 나타남

그거와 비교할 수 없는 것이 두 번째로 했어요. 두 번째. 하나님도 영이란 말이에요. 그런데 하나님이 바깥으로 나올 때는 말씀을 통하여. 말씀. 따라서 하세요. <u>말씀.</u> 하나님도 영이니까 하나님의 영 안에도 세 가지의 기능이 있다고 그랬어요. 따라서 하세요. <u>생각. 감정. 의지.</u> 그래서 하나님의 말씀이 이 세 가지를 하나님의 영을 싣고 나오기 때문에 내 말이 곧 무엇이오? 영이요. 요한복음 몇 장? 6장. 몇 절? 63절. 꼭 요 절을 외워놔야 해요. 아멘.

그래서 하나님의 말씀이 하나님의 지정의를 싣고 나오면, 나온 이 하나님의 말씀이 또 사람 속으로 들어가서 인간의 영혼을 만지게 돼요. 믿습니까? 만져서 인간 영혼과 붙어버려요. 착상을 일으켜요. 착상. 착상을 일으킨다, 이거예요. 아멘. 따라서 하세요. 생각. 따라서 하세요. 감정. 의지. 하나님 말씀이 사람 속으로 들어와서 인간의 지정의를 만지게 되는데, 여러분도 다 그렇게 되기를 바랍니다. 그렇게 하여 말씀과 인간의 영혼이 연합이 되면, 이거는 무서운 거예요. 곧 사람에게 하나님의 능력이 나타납니다. 그래서 말씀을 받은 자가 곧 신이라 했고, 하나님이라 하였다 이거예요. 믿습니까? 요한복음 10장 34절 기억을 해야 해요. 요한복음 10장 34절. 아멘. 따라서 하세요. 말씀을 공유하면 나도 하나님이 된다. 여러분이 하나님이 되는 거예요. 사람이 하나님과로 이사를 가는 거예요. 이야. 다시 해봐. 이야. 대단한 거예요. 대단한 거야. 할렐루야. 여러분의 지정의를 독립적으로 여러분이 가지고 있으면 사단이 가지고 놀아버려요. 그런데 우리의 지정의 속에 말씀의 지정의를 연합시키면 사단이 우리를 하나님으로 보는 거예요. 겁내는 거예요. 사단이 우리를 하나님으로 보니까, 아멘.

Ⅲ.
마귀의 말

1. 마귀의 말도 사람 속에 들어가 연합한다

자, 그다음 오늘 낮에는 세 번째입니다. 아주 중요한 거예요. 나는 지금 두 가지를 말했어요. 사람에 대해서 말했어요. 사람의 말. 따라서 하세요. 사람의 말. 그다음에는 하나님의 말씀. 따라서. 하나님의 말씀. 이게 똑같은 원리로 진행이 된다고 그랬어요. 지금부터는 보세요. 마귀예요. 마귀. 자, 마귀도 똑같이 움직이는 거예요. 마귀도 영이에요. 영. 마귀도 영이니까 마귀도 세 가지 기능을 가지고 있어요. 다시요. 생각. 마귀도 생각을 가지고 있어요. 다시요. 감정. 아이고. 귀신 쫓아낼 때 얼마나 우는지 알아요? 귀신이. "나 여기서만 나가지 않게 해 줘." 이렇게 울어요. 잘못하면 어떨 때는 넘어가요. 하도 슬피 우니까. 울어요. 귀신이. 귀신 추방해 봐서 알잖아요. 다시. 의지.

그런데 마귀도 본체는 이 지구를 두루두루 돌아다녀요. 욥기에도 보면, "사단아, 네가 어디서 왔느냐?" "내가 땅을 두루두루 돌아다니다 왔나이다." 이렇게 돼 있고 베드로전서

에도 뭐라고 돼 있어요? '우는 사자 같이 삼킬 자를 찾으려고 두루 다닌다.' 그랬어요. 마귀는 한 지점에 딱 고정돼 있지 않고 세상을 두루두루 돌아다닌다고 그랬어요. 이해되시면 아멘. 그런데 사단도 자기가 있는 지역을 초월하여 바깥으로 나올 때는 사단도 말을 통해서 나와요. 말. 사단의 말. 따라서 하세요. <u>말.</u>

그리고 이 사단의 말도 역시 사단의 영이 말에 실려서 나오기 때문에, 사단의 모든 말도 거기에는 사단의 지정의가 실려서 나와서 또 이 사단의 말이 사람 속으로 들어가요. 사람 속으로. 들어가서 인간의 지정의에 붙어버려요. 사람의 지정의에 딱 붙어서 연합을 일으켜요.

2. 마귀와 연합한 사람은 마귀

연합을 일으킨 사람을 뭐라 그러냐? 사람의 말과 연합한 이것은 사람의 종이에요. 사람의 종. 하나님의 말씀과 연합한 이것은 하나님의 종이에요. 하나님의 종. 사단의 말이 사람에 들어가는 것은 사단의 종이 아니고 주님은 아예 본체로 말했어요. "너희 중에 하나는 마귀니라." 아예 사단의 말을 흡수한 사람은 사단의 본체와 동일시해 버렸어요. 하나님의 말씀과 연합되니까 인간을 하나님이라고 불렀던 것처럼 마귀의 말을 흡수한 사람은 마귀 본체라 그러는 거예요. 이해 되시면 아멘.

　주님이 가룟 유다에게 한 말을 한번 보십시오. 요한복음을 넘기시면. 아버지여. 주 예수여. 우리 아버지여. 자, 요한복음 6장 다 찾으셨으면 아멘. 우리 주님이 하신 말씀 잘 보세요. 일단 제66절부터 한번 읽으시면. 우리 주님이 영에 대해서 설명할 때 같은 장에 이어서 말했어요. 이제 마귀에 대해서 주님이 말하는 거예요. 마귀에 대해서. 시작.

(요 6:66-71)

66. 이러므로 제자 중에 많이 물러가고 다시 그와 함께 다니지 아니하더라

67. 예수께서 열 두 제자에게 이르시되 너희도 가려느냐

68. 시몬 베드로가 대답하되 주여 영생의 말씀이 계시매 우리가 뉘게로 가오리이까

69. 우리가 주는 하나님의 거룩하신 자신줄 믿고 알았삽나이다

70. 예수께서 대답하시되 내가 너희 열 둘을 택하지 아니하였느냐 그러나 너희 중에 한 사람은 마귀니라 하시니

71. 이 말씀은 가룟 시몬의 아들 유다를 가리키심이라 저는 열 둘 중의 하나로 예수를 팔 자러라

너희 중에 한 사람은 뭐라고요? 다시. 너희 중의 한 사람은 뭐라고요? 마귀에 속한 자예요? 마귀예요? 주님은 동일체로 보는 거예요. 뭐 마귀에게 속했다, 뭐 마귀에게 뭐 유혹됐다는 게 아니라, 아예 본체가 하나님 말씀과 연합된 사람은 우리 자신이 하나님의 사람이라는 게 아니라, 하나님이라 그랬어요. 하나님. 하나님. 따라 하세요. <u>하나님.</u> 누구와 연합되는가에 따라서 아예 본체적으로 '이 중의 하나는 마귀니라.'

3. 보혈의 피로 영적 싸움에서 이기자

1) 대부분의 인간은 사단과 연합됨

그런데 지금 이 땅에 있는 모든 인간 대부분은 다 마귀의 지정의와 연합되어있어요. 마귀의 지정의와. 목회자라고 별거 없어요. 이미 벌써 사람의 지정의가 마귀의 지정의에 삼킨 바가 되어서 하나님의 말씀이 부딪쳐도요, 그 하나님 말씀이 착상을 못 해요. 왜 착상 못 하냐? 사단이 이미 코팅(coating)해놔서 사단의 말과 이미 먼저 연합이 돼 있어서 하나님 말씀과 연합을 일으키지 못하는 거예요. 그래서 보혈 찬송을 불러야 해요. 믿습니까? 보혈 찬송을 불러서 인간의 지정의를 삼키고 있는 사단이, 사단의 말이 떠나가야 해요. 보혈의 피로. 따라서 하세요. <u>보혈의 피로.</u> 영적 싸움에서 이겨야 하는 거예요. 그래야 하나님의 말씀과 연합할 수 있게 된다, 이거예요.

안 그러면 자기도 모르게? 아니, 여기서 예수님이 가룟 유다에게 '이 중의 하나는 마귀니라.' 그럴 때 가룟 유다가 자기가 마귀인 걸 인정할까? 안 할까? 안 해요. 안 해요. '주님, 참 섭섭하시네. 아이, 요즘 내가 주님한테 용돈을 안 갖다줬더니, 갑자기 주님이 말이야. 나를 딱 찍어서 말이야. 이렇게 말이야. 다른 제자들한테 망신시키고 말이야. 왜 날 보고 마귀라 그럴까? 아우, 나 참, 진짜 섭섭하네.' 가룟 유다 자신은요, 이해를 못 하는 거예요. 똑같아요. 여러분도 똑같아. 여러분도 지금 사단의 지정의에 이미 벌써 딱 붙어 있으면서 본인은 모르는 거예요. 본인은 모르는 거예요. 옆에서 보면 아는 거예요. '아하, 저 사모님, 사단과 붙었구나. 사단의 지정의를 마셨구나.' 딱 보면 보인다고요. '사단의 지정의를 마셨구나. 사단과 헤어질 수 없는 사이가 되었구나.' 나시 물을게요. 본인은 인정해요? 안 해요? 절대 안 하게 돼 있어요. 못해요. '저 목사님, 지금 사단을 마셨구나. 사단의 지정의와 붙었구나.' 사람이 어디에 붙을 데가 없어서 사단의 지정의하고 붙냐고요? 그 사람은 아예 사단이에요. 사단. 사단의 삶을 대신 사는 거예요. 사단은 사람 속에 들어와서 사람을 공유하는 거예요. 가지고 다니는 거예요. 오만 데 다 데리고 다녀요. 이 사단이 가고 싶은 데 다 데리고 다녀요. 사단도 보고 싶은 데가 많은가 봐요. 중국의 장가계도 보고 싶어 하고 사단이 끌고 왔는데 이 사람은 자기가 보고 싶어 하는 줄 착각하는 거예요. 사단이 가지고 다니는 줄 모르는 거예요.

2) 간증 : 대구 홍찬주 귀신 추방

내가 대구의 홍찬주 얘기를 다시 할 테니까 들어보세요. 잘 들어보세요. 대구에 홍찬주, 지금부터 30년 전이에요. 대구에 가면 홍찬주라고 있어요. 유명한 스타가 있어요. 이 젊은 자매님이 갓 시집을 와서 내가? 대구의 월배시장 옆에 있는 배유달 목사님이 개척교회 할 때 예배당이 꽤 컸어요. 이거의 절반 정도 됐어요. 홍동명 친구예요. 홍동명의 소개로 내가 부흥회를 하러 갔다고요. 30년 전에 갔는데 첫날밤에 집회하는데 성령이 움직이는 거예요. 성령이 움직이는데 안수하려고 딱 안수해보니까, 두 번째 자리에 앉았던 홍찬주, 새댁이에요. 시집온 지 얼마 안 됐는데 딱 보니까, 바로 눈을 딱 뒤집으면서 나를 대고 욕하는 거예요. "전광훈! 야, 이 새끼야!" 이렇게 나온 거예요. 귀신이 발작한 거예요. 귀신이 폭발된 거야. 그래서 다른 사람들은 안수해 놓고 내가 끌고 방으로 데리고 들어갔어요. 그리고 나하고 싸움이 붙었어요. "전광훈, 너 날 못 이겨. 나 절대 안 나갈 거야. 너 그래 봤자 내일 부흥회 끝나면 넌 서울로 올라가. 올라가니까 나는 그때까지만 버티면 이겨." 귀신이 이렇게 영악해요. 그래서요? "뭐라고?" 그래서 이제 대화가 됐는데. "언제 들어왔냐?" "어릴 때 들어왔어." 그리고 자기 가족 얘기를 다 하고, 뭐 자기 오빠가 말이야 마라톤 선수였는데, 나중에 열아홉 살에 죽었다 그래요. 그래 지금 들어온 귀신이 자기 오빠 귀신이라고 이렇게 말하는 거예요. 여러 가지 얘기하다가 다른 거 다 관두고. 결정적인 얘기를 할게, 들어봐요. "나와." 안 나온대요. "나오라니까." 안 나간대. "왜 안 나오는 거야?" 그때 나는 걔한테 한 수 배웠어요. 귀신한테. "전광훈, 너 자꾸 나보고 나오라 그러는데, 내 사정을 좀 이해해 줘." 그래서 "너 사정이 뭐냐?" 그랬어요. 그랬더니, 자기들은 사람의 육체 안에 있을 때, 육체 안에 들어가 있을 때 자기들이 제일 편안하대요. 육체 바깥으로 나오는 즉시 자기들은 굉장히 힘들대요. 인간의 육체 안에 들어갔을 때 제일 편한데, "왜 편하냐?" 그랬더니, "우리가 이 여자의 육체 안에 있는 동안에 이 여자가 사는 모든 삶을 우리가 공유한다."는 거예요. 여기서 이런 말을 했어요. "그 자체가 뭐냐?" 그랬더니, 내가 한 수 배웠다니까요? "예를 들면, 이 여자가 배가 고프잖아?" "그렇지. 배고플 때 있지." "배고프면 밥을 먹지. 밥을 먹으면 이 사람이 포만감을, 배가 부르니까 이제 '아우, 기분 좋다.' 그때 기분 좋은 것을 내가 느낀다."는 거예요. 잘 들어보란 말이야. 그다음에 다른 거 다 건너뛰고. "이 여자가 어떨 때 돈을 아껴서 백화점 가서 이쁜 옷을 산다. 이 옷을 입고 좋아서 '기분 좋다'? 그거 다 내가 입는 거야." 잘 들으라고요. "그거 다 내가 입는 거야. 내가 너무 좋은 거야. 그런데 이 여자는 속고 있어. 나를 옷 입혀 주면서 자기가 입는 줄 착각하고 있어." 잘 들어보란 말이야. 그다음에 이거는 심각한 얘기예요. "이 여자가 저녁에 남편하고 부부 생활을 한다. 그때 이 여자가 오르가즘(orgasm)이 올라간다. 막 좋아서 소리 '아 아' 한다. 그거 누가 하는지 알아? 내가 하는 거야." 보세요. 그래서 사단이 사람 속에 살면서 제일 사단이 기분을 좋게 느끼는 것이 언제냐? 성생활 할 때 그때 사단이 같이 그걸 공유하는 거예요. 이 정도 말해줬으면 감 잡아야지. 지금 여러분들이 사는 모든 삶이 다 사단을 공유하는 거예요. 그래서 사단이 사람과 연합한다, 그러는 거예요. 그러면 사단과 헤어져야 해? 안 헤어져야 해? 그게 헤어져지냐고? 안 헤어져요. 좋은 집에 산다. 좋은 집에. "야, 우리 집 좋아. 우리 집 내가 새로 지었어." 전부 사단이 사람을 통하여 공유하는 거예요.

반대로 성령이 내 안에 살면 성령도 동일한 거예요. 성령이 여러분이 좋은 옷을 입으면 성령이 자기가 입었다고 생각해요. "나, 좋은 옷 입혀줘서 참 좋다." 이래요. 그거는 아멘 잘 안 하나? 여러분이 좋은 집에 살면 성령이 이래요.

"나, 좋은 집에 살아서 너무 좋다." 이래요. 성령이 자기가 산다고 생각해요. 우리의 육체 옷을 입고. 아멘. 아까 내가 남자, 여자 성생활에 대해서 부정적 얘기했으니까. 오늘 밤부터 절대 부부 생활도 안 할 것 같아서 말씀드리면, 성령도 동일해요. 성령이 남자, 여자가 부부 생활할 때 쾌감을 느낄 때 성령도 좋아해요. 누구의 영을 담고 있느냐에 그렇게 되는 거예요. 그래서 기독교는 금욕주의가 아닌 거예요. 중세의 금욕주의는 이단이에요. 아멘. 이 말을 알아들을 수 있는 자는 들을지어다. 예수님이 고자에 대해서 말할 때, 그래서 주님도 좀 민망한지 '이 말을 받을 만한 자는 받을지어다.' 주님이 고자를 설명하다 주님도 좀 민망했는가 봐. 그래서 마찬가지로 이 말을 받을 자는 받을지어다. 이렇게 하나님의 말씀과 연합된 사람은 그냥 저녁에 잠을 자고 있어도 그것이 곧 주의 일이에요. 잠자는 것도 주님을 위해서 자주는 거예요. 잠자고도 면류관 타요. 말씀과 연합된 사람은 자기가 맛있는 거 처먹고도 상 받아요. 왜? 주님을 위해서 먹어 줬다고 생각하니까.

그러나 이제 문제는 여기 있는 거예요. 수없는 인간들이 사단의 말과 지정의가 연합되어 있기 때문에 이 사람에게는 산 제사라는 게 없어요. 전부 사단의 본체가 되는 거예요. 오늘 이 자리에 계신 여러분들은 단 한 사람도 사단과 연합되는 가룟 유다 학과에 들어가는 사람이 없기를 바랍니다. 두 손 들고 아멘. 할렐루야. 아멘. 아멘. 그러니까 사람이 무슨 말을 받느냐에 따라서 그 말과 연합이 된다. 연합. 따라서 하세요. 연합. 연합이 되는 거예요. 〈죄에서 자유를 얻게 함은〉 찬송해요. 손뼉 준비.

찬송가 202장 〈죄에서 자유를 얻게 함은〉

1. 죄에서 자유를 얻게 함은 보혈의 능력 주의 보혈
   시험을 이기는 승리 되니 참 놀라운 능력이로다

   (후렴) 주의 보혈 능력 있도다 주의 피 믿으오
   주의 보혈 그 어린 양의 매우 귀중한 피로다

2. 육체의 정욕을 이길 힘은 보혈의 능력 주의 보혈
   정결한 마음을 얻게 하니 참 놀라운 능력이로다

3. 눈보다 더 희게 맑히는 것 보혈의 능력 주의 보혈
   부정한 모든 것 맑히시니 참 놀라운 능력이로다

4. 구주의 복음을 전할 제목 보혈의 능력 주의 보혈
   날마다 나에게 찬송 주니 참 놀라운 능력이로다

찬송가 195장 〈이 세상의 모든 죄를〉

1. 이 세상의 모든 죄를 맑히시는 주의 보혈
성자 예수 그 귀한 피 찬송하고 찬송하세
주님 앞을 멀리 떠나 길을 잃고 헤맬 때에
나의 뒤를 따라오사 친히 구원하셨도다

(후렴) 흰 눈보다 더 흰 눈보다 더
주의 흘리신 보혈로 희게 씻어주옵소서

2. 가시관을 쓰셨으니 피로 얼굴 물드셨고
십자가의 모진 고통 나를 위해 당하셨네
말로 형용할 수 없는 구세주의 구속하심
그 은혜와 크신 사랑 찬송하고 찬송하세

3. 아버지를 멀리 떠나 바른 길을 저버리고
여러 가지 죄악으로 주홍같이 되었으니
물 같은 것 가지고는 씻을 수가 아주 없네
주여 귀한 보배 피로 날 정결케 하옵소서

4. 물 없는 곳을 공격하는 귀신

1) 물 없는 곳 : 말씀이 없는 심령

아멘. 할렐루야. 그러니까 사람은 세 가지로 구분돼요. 따라서 합니다. 사람과의 연합, 주님과의 연합, 사단과의 연합. 주님이 귀신에 대해서 말할 때, 귀신이 쫓겨나서 다른 집에 들어가려고 다니는데 물 없는 곳을 찾았어요. 물 없는 곳. 물 없는 곳이란 말이 바로 이걸 말하는 거예요. 하나님 말씀의 지정의와 연합되지 않는 자. 그 사람은 귀신의 공격의 대상이에요. 그건 귀신이 들어가는 길이 열리는 사람에에요. 물 없는 곳이라는 것이 이 자연스러운 물이 아니고 하나님의 말씀이 없는 데를 말해요. 말씀이 없는 심령, 하나님 말씀의 지정의와 합쳐지지 않는 사람, 그 속은 바로 귀신이 들어가는 처소가 된다! 이해되시면 아멘. 그러니까 뭐 우울증이 오거나. 여기 뭐 목사님들, 사모님들이 가끔 와서 나보고 우울증을 위해서 기도해 달라는데 그건 기도할 것도 없어요. 청교도 말씀이 흘러나가는 여기 앉아 있으면 돼요. 앉아 있으면. 말씀이 흘러가면요, 우울증은 나가게 돼 있어요. 아멘이요? 그것도 하기 싫거든 우리 집사람 반주 있잖아요? 테이프? 저기에 성령의 기름 부음이 흐르니까 그냥 집에서 낮이나 밤이나 틀어놓으라고요. 그러면 우울증 다 나가게 돼 있어요. 청교도 다니는 사람이 우울증도 못 이기냐? 당연히 이겨야지. 아멘. 두 손 들고 아멘. 할렐루야.

2) 귀신을 쫓아내는 서미영 사모의 반주

집사람 테이프(tape) 틀어놓으면요, 귀신 다 나가요. 실제로 이거는 임상적으로 그런 적이 수도 없이 많아요. 뭐 사명

감리교회 뭐 어떤 등등. 내가 부흥회 하러 가서 가끔 이야기해요. "사모님 씨디(CD) 테이프에 능력이 있습니다. 저거 틀어놓으면 병났습니다." 여러 곳의 임상 체험을 근거로 내가얘기했더니, 속장이. 감리교회 속장. 구역장이죠. 금방 사서자기 속에 속한 사람이 병원에 입원해 있는데, 경희대학교거기 가서 틀어놨어요. 거기 집사님 아픈 데 틀어놓고 이제집에 다 와 가는데, 병원에서 전화가 와서 보호자 빨리 오라고. 난리 났다고. 링거 꽂아놨는데 갑자기 환자가 미쳤다고빨리 보호자 빨리 오라고 하는 거예요. 갔더니, 딱 들어가니까 뭐라 하냐면, "나, 안 나가. 나, 안 나가." 그러니까 의사들이 알아요? 이게 뭔 말인지? '나, 안 나가'란 말이 뭔 말인지알아요? 그래서 "뭐가 안 나가?" "나 귀신이야. 너 왜 이 테이프 여기 틀어놨어. 나 못 견뎌. 나 이거 소리 좀 꺼줘. 나 저거 듣기 싫어." 그래서 볼륨(volume)을 더 올렸어요. 더 올렸더니, 오후 세 시에 귀신이 나갔어요. 이렇게 집사람 반주가기름 부음이 넘쳐요. 넘쳐. 그것도 모르고 바보 나까부라가돼서 말이야 응? 세상에 말이야 새벽 기도 끝나고 나서 이거기도 찬양 집사람 거 안 틀고 말이야 요단출판사에 사 온 거,이상한 젊은 애들이 말이야 그거 틀어서는 귀신 안 나가요.이 바보들아. 참 나. 정말로 서미영 거 틀어야 나가. 지난달에요. 어제도 총장님 와 계셨는데, 이은영, 잘 들어. 야, 지금시차 때문에 너 졸려 죽겠지? 지금 미국하고 시차가 안 맞아서? 이은영 며느리가요, 한국에서 수입해 갔어요. 이은영 며느리가. 그런데 사랑의교회, 지금 여기 있는 사랑의교회 있잖아요? 오정현 목사님이 미국에 개척한 교회가 크잖아요. 한 5천 명 모이나? 거기에 주일날인가 언제 하여튼 예배에 갔더니, 세상에 통성 기도하는데 집사람 테이프를 틀더라는 거예요. 그래서 그냥 개가요 원래 청교도 출신이거든요. 흥분해서 한국으로 전화 오고요? "세상에! 사모님 테이프가 말이야. 세상에." 이게 한두 군데가 아니에요.

3) 간증 : 샌안토니오 부흥회

내가 미국의 샌안토니오 부흥회를 하러 갔잖아요? 갔더니, 김원준 목사님 교회 갔더니? 저 대구에 있는 주암산기도원을 개척한 대구 서현교회 장로님의 아들이에요. 고등학교 교사를 하다가 목사 안수받은 거예요. 유명한 장로님이 있답니다. 장로님인데 신령한 은사를 받아서 기도원을 개척하신 분이에요. 그분이 개척한 거예요. 개척해서 산을 사고 다 짓고 했는데 나중에 외조카인가 하는 사람한테 물려줬더니 결국 사람이 사업장으로 다 팔아먹고 했죠. 그러니까 참, 여러분, 교회 마무리할 때 잘하기를 바랍니다. 후임자 잘못 세워놓으면요, 그동안 일했던 거 다 날아가 버려요. 육의 사람을 세워놓으면. 그래서 그 목사님이 늦게 목사가 돼서 미국의 샌안토니오 장로교회를 거기서 개척했는데, 교인들이 꽤 모여요. 한 400명 가까이. 미국에서 400명은 큰 거예요. 그 것도 남부 쪽으로. 달라스, 휴스턴 그쪽 밑으로 샌안토니오 랑. 농구 잘하는 데 있잖아요? 샌안토니오? 거기에 부흥회 를 내가 한 번 갔어요. 한 번.

처음에 한 번을 딱 갔는데, 내 친구가 소개해서 갔는데, 야, 집회 끝나니까 이 할아버지 목사님이 지혜가 있는 거예 요. 부흥회 다 끝난 마지막 시간에 딱 나오더니, 마이크를 잡 더니, "여러분, 강사님 통해 은혜받았습니까?" 성도들이 "아 멘" 하고 난리 났어요. 미국 가서 루이지애나 이쪽으로 부흥 회 하러 가면요, 동두천 출신이 많아요. 집사님들이 다. 교 회에 귀신이 떠나가니까 기분이 좋잖아요? 기쁘고? 이 목사 님이 "여러분, 다 일어서세요. 다 일어서서 두 손을 높이 드 세요." 들었어요. 나보고 "강사님도 나오세요." 나왔지. "두 손 드세요." 해서 다 들었어요. "이제 하나님과의 언약식을 하셨습니다. 내년에 이 주간에 쏙 상사님이 다시 우리 교회 에 오서서 부흥회 해주기로 하나님하고 우리 서약합시다." 그리고 아멘 하라 그래요. 아멘 했어요. 그리고 이 목사님이 날 보고 그래요. 하나님과의 약속이니까 내년에 오라는 거 예요. 그래서 두 번째 또 갔네? 그 멀리. 샌안토니오가 얼마 나 먼질 압니까? 나는 그때 우리 교회 개척교회 할 때라서 돈 이 없어서 비행기 표를 싼 거 사려고 김포에서 델타 비행기를 타고 동경으로 가요. 동경에서 어디로 갔냐? 거기 시애틀 옆에 있는 거기 델타 터미널이 있어요. 거기 또 날아가. 거기서 다시 비행기 갈아타고 다시 어디 가냐? 달라스로 가요. 달라스에서 다시 조그마한 비행기 프로펠러 비행기 타고, 스무 명 타는 거 타고, 그걸 타고. 한국은 프로펠러 비행기 없잖아요? 미국은 그게 있어요. 지금도. 타고 다시 샌안토니오로 가니까 비행기를 5번 갈아타는 거예요. 싼 거 타려고. 그리고 올 때는 또 한 바퀴 더 돌아와요. 애틀랜타로 가요. 휴스턴에서 애틀랜타로. 애틀랜타에서 시카고로 가요. 시카고로 가서 다시 또 시애틀로 와요. 그리고 동경으로 와요. 그래서 부흥회 한 바퀴 돌아오니까 이빨이 다 그냥 손으로 이렇게 잡아당기니까 뽑히는 거예요. 하도 체력에 무리가 생겨서요. 그래서 대전에 있는 어느 교회 가서 부흥회를 하다가 부흥회 중에 앞의 이빨 하나가 땅에 떨어졌어요. 그랬더니, 앞에 있는 여자 청년이 “아유, 무서워.” 그리고 소리치고 나갔어요. 내가 이렇게 잔인하게 부흥회를 한 거예요. 이렇게 잔인하게. 그래서 내가 지금 앞에 있는 이 이빨은 전부 하나도 내 이빨 아니에요. 전부 임플란트 그거 한 거예요. 그냥 물렁물렁해요. 그냥 시루떡처럼 그냥 다 그냥 뽑혀버리는 거예요. 무리하니까. 이렇게 내가 잔인하게 주님을 위하여 살아왔다고요. 아이고, 이거, 박수할 일은 아니고.

그런데 이제 샌안토니오 거기에 이제 부흥회 하러 갔는데 이 영계에 대해서 여러분, 잘 알아야 합니다. 영에 대하여 여러분도 다 뻥 뚫리기를 바랍니다. 사람이 누구와 연합하는지가 아주 중요합니다. 저는요, 내 개인적인 체험도 많지만, 전 세계를 부흥회하고 다니며 목사님들 고민을 내가 상담해 주다가 기상천외한 걸 내가 다 봤어요. 기상천외한 거예요. 목사님이 귀신 발작해요. 목사님이. 목사님이 귀신 발작한다니까요? 잘 들어보세요. 내 기상천외한 걸 다 봤어요.

IV.
사단이 사람을 틀어쥐는 순간은?

1. 생각을 찔러넣는 사단

그래서 절대로 우리는 귀신과 연합하는 자가 없기를 바랍니다. 믿습니까? 하나님의 말씀의 지정의. 따라 하세요. 말씀의 지정의. 오늘 저녁은 정말 여러분이 기대하시길 바랍니다. 얼마나 이 하나님 말씀의 위력이 센지를. 할렐루야. 말씀의 위력이 얼마나 센지. 할렐루야. 이 말씀의 위력. 따라서 하세요. <u>말씀의 위력.</u> 요한복음 제13장 다 찾으시면, 1절부터 읽으시면, 시작.

(요 13:1-2)

1. 유월절 전에 예수께서 자기가 세상을 떠나 아버지께로 돌아가실 때가 이른줄 아시고 세상에 있는 자기 사람들을 사랑하시되 끝까지 사랑하시니라
2. 마귀가 벌써 시몬의 아들 가룟 유다의 마음에 예수를 팔려는 생각을 넣었더니

또 예수를 팔려는 뭘 넣었더니? 그거 봐요. 사단이 딱 찌르잖아요. 찌를 때 받아들이면 돼? 안돼? 그런데 십중팔구 받아들여 버려요. 받아들여 버리니까 사단이 가룟 유다를 딱 틀어쥔 거예요. 가룟 유다의 지정의 위에 붙은 거예요. 따라서 합니다. <u>지. 정. 의.</u> 이것이 마귀화가 돼버린 거예요. 그때부터 이제 가룟 유다는 움직이는 전체가 마귀예요. 표정이 마귀예요. 가룟 유다의 모든 것이 다 사단과 동일체로 움직이는 거예요. 왜? 지정의가 넘어갔기 때문에. 절대로 여러분은 사단에게 지정의를 넘기지 말기를 바랍니다. 비참한 거예요. 비참해.

2. 말씀의 뜻을 알고 받아들이자

그러면 이제 결정적인 말을 제가 말씀드리고 오늘 낮 공부를 마치자고요. 오늘 낮에는 사실 이 말 한마디 하려고 앞의 말을 걸어온 거예요. 그러면 가룟 유다 속에 사단이 들어가서, 사단이 가룟 유다의 지정의를 틀어줄 때, 그 순간의 포인트(point), 정확한 지점이 어디냐? 이게 성경에 쓰여 있어요. 잘 보세요. 신비하게 쓰여 있어요. 그 뒤의 말씀을 읽어보면 나와요. 자, 뒤의 말씀을 21절을 읽어보세요. 시작.

(요 13:21-23)

21. 예수께서 이 말씀을 하시고 심령에 민망하여 증거하여 가라사대 내가 진실로 진실로 너희에게 이르노니 너희 중 하나가 나를 팔리라 하시니

22. 제자들이 서로 보며 뉘게 대하여 말씀하시는지 의심하더라

23. 예수의 제자 중 하나 곧 그의 사랑하시는 자가 예수의 품에 의지하여 누웠는지라

그러니까 사도 요한이에요. 사도 요한은 자기를 말할 때 이렇게 돌려서 말해요. '예수의 사랑하시는 자가 그 품에 누웠다.' 그게 본인을 말하는 거예요. 요한복음을 기록한 당사

자예요. 24절 시작.

(요 13:24)
시몬 베드로가 머릿짓을 하여 말하되 말씀하신 자가 누
구인지 말하라 한대

참, 이거는요 양심이 화인 맞았어요. 주님이 자기를 보고 말하는데도 이놈이요, 누구한테 말하는가? 이래요. 이 마귀 걸린 놈들은요, 뻔뻔해요. 아니, 우리도 어떨 때 설교할 때 보면 속상하면 성도들을 가르치려고 말이야 돌려서 말할 때가 있잖아요? "어느 교회에 갔더니, 세상에, 어떤 미친년이 있어. 세상에, 십일조도 안 하고 교회를 다녀." 이러면요? 내가 한 말은 우리 교회 성도들한테 하기 위해서 돌려서 한 거거든요? 끝나면 이렇게 해요. "목사님, 어느 교회입니까?그게?" 나한테 이래요. 아이, 병신아. 너야. 이 개 같은 년아. 너한테 한 소리도 모르냐? 이 개 같은 년아. 정신 나가서. 아이고! 그런 격이에요. 지금 가룟 유다가 이 중에 하나는 나를 팔리라 그러니까 그게 누구냐고 물어요. "누구야?" 이 자식아, 너야, 인마. 어휴, 그다음 말 보세요. 자, 그다음 말 보세요. 참, 여러분, 이 말씀이 확실히 이해되기를 바랍니다. 그리고 여러분이 성도들에게 꼭 이렇게 가르치기를 바랍니다. 읽어봐요. 시작.

(요 13:25-27)

25. 그가 예수의 가슴에 그대로 의지하여 말하되 주여 누구오니이까

26. 예수께서 대답하시되 내가 한 조각을 찍어다가 주는 자가 그니라 하시고 곧 한 조각을 찍으셔다가 가룟 시몬의 아들 유다를 주시니

27. 조각을 받은 후 곧 사단이 그 속에 들어간지라 이에 예수께서 유다에게 이르시되 네 하는 일을 속히 하라 하시니

27절이 핵심입니다. 이거는 꼭 요절을 외워야 합니다. 자, 보세요. 성만찬이 이루어졌어요. 성만찬. 주님이 떡을 떼어서 제자를 하나씩 주다가 "이 중 하나는 나를 팔리라." 그랬어요. 그랬더니, 제자들이 아우~ 누군지 궁금한 거예요. 요한도 물어보고 또 가룟 유다 자신도 "주여, 누구입니까?" 또 물어봐요. 그때 주님이 이렇게 말한 거예요. "몰라서 묻냐? 이놈들아. 꼭꼭 찍어서 말해야 하겠어? 이 떡을 받는 자가 곧 그니라." 하고 떡 한 조각을 갖다가 가룟 유다 입에다가 딱 넣어줬어요. 떡이 입에 딱 들어가는 순간 사단이 들어갔어요.

그러면 주님이 주시는 이 떡이. 오늘은 이걸 이해해야 해요. 이게 핵심이에요. 주님이 주시는 이 떡이 다른 열한 제

자한테 준 떡과 가룟 유다한테 준 떡이 다를까? 같을까? 같아요. 가룟 유다에게 준 떡 속에는 독약이 든 게 아니에요. 같은 떡이에요. 그러면 이 떡은 뭐냐? 이 떡이 곧 주님의 몸이에요. 주님의 몸에 관한 교훈이에요. 그러나 이 떡을 먹으면서도 이 떡의 의미와 말씀을 이해하지 못하고 먹으면, 성령이 들어가는 게 아니라니까요? 사단이 들어가는 거예요. 이해되시면 아멘. 같은 하나님의 말씀의 떡. 따라서 하세요. 말씀의 떡. 말씀의 떡을 여러분이 교회에서 선포하고 입에다가 넣어주는데도 말씀의 떡의 의미, 말씀의 뜻을 알고 자기의 지정의에 말씀을 받아들이는 자는 악령이 떠나가고 성령이 와요. 반대로 설교를 들으면서, 말씀의 떡을 먹으면서 저게 무슨 말인지 모르면서 앉아 있는 사람은 말씀의 떡을 모르는 것 때문에 사단이 들어가요. 둘 중 하나예요. 말씀의 떡을 받을 때 성령이 들어가든지, 사단이 들어가든지.

3. 말씀을 이해 못 하면 사단의 밥이 된다

그런데 한국 교회는 목사님들의 설교를 이해 못 해요. 성도들이 이해 못 하니까 다 사단이 들어가 버려요. 그러니까 설교 듣고 반항하는 거예요. 설교 듣고 대적하는 거예요. '목사님이 나를 친다. 목사님이 나를 꽂아서 말했어. 목사님이 나한테 감정풀이했어.' 이렇게 생각하는 그게 사단이에요. 사단이 들어가는 거예요. 이 말을 듣는 자는 복이 있도다. 너무 중요한 거야. 너무 중요한 거야. 너무 중요한 거야. 그래서 사람은 사단의 희생물이 되는 거예요. 한번 따라 하세요. 떡을 받되 떡의 의미를 모르면 사단이 들어간다. 설교를 듣되 설교의 내용을 못 알아들으면 사단이 들어갑니다. 가룟 유다 속에 들어간 사단이 그대로 들어가는 거예요.

이렇게 설교를 못 듣는 사람들은 비극이 일어나는 거예요. 이해되시면 아멘. 막 베드로가요, 성령 역사를 일으키고 베드로가 예수 그리스도를 설명하는데 베드로의 말을 다 알아듣는 게 아니에요. 못 알아듣는 아나니아, 삽비라가 있는 거예요. 아나니아, 삽비라는 같은 베드로의 설교를 듣고도 못 알아듣는 거예요. 그리고 다른 사람들이 재산을 팔아 갖다 바치니까 자기도 체면상 자기도 팔아 바친다, 그래요. 사단이 들어가요. 말씀을 못 먹으면 사단이 들어가요. 그래서 성경에 '아나니아, 삽비라에게 사단이 가득하여' 이렇게 돼 있단 말이에요. 같은 설교를 베드로 설교를 들었는데 왜 어떤 사람은 사단이 가득하냐? 그 지정의에 말씀이 못 붙은 거예요. 지정의에 말씀이 못 붙으면 그것은 사단이 붙게 돼 있는 거예요. 이해됐으면 아멘. 그래서 말이에요. 그래서 하나님의 말씀의 지정의가 사람에게 착상이 되는 것이 얼마나 중요하다는 걸 알아야 해요.

4. 아멘 안 하면 가룟 유다의 성찬식이 된다

주로 말씀을 이해 못 하고 말씀을 깨닫지 못하고 못 받아들이는 사람, 하나님 말씀이 자기 지정의에 착상을 안 하는 사람의 특징이 뭐냐? 입을 닫고 있어요. 입을. '아멘'을 안 하는 거예요. 아멘 안 하면요, 사단이 들어가요. 사단. 아멘 안 하면 무조건 사단이 들어가요. 이건 가룟 유다의 성찬식이에요. 따라서 하세요. 아멘 안 하면 가룟 유다의 성찬식이다. 아멘 안 하는 사람은요, 하나님 말씀이 속에 착상이 될 수가 없어요.

오늘 이 가운데 계신 여러분도 똑같아요. 똑같이 전광훈 목사를 통하여 하나님의 깊은 말씀을 우리가 더듬어 가잖아요? 그동안 걸어온 길이 얼마나 커요? 창세기 1장부터 시작하여. 아멘. 높은 산이, 넓은 길이. 넘어. 넘어. 아멘. 어떨 때 여기 오고 싶어도 세상에! 자기 밥 먹는 밥값이 없어서 못 와서 그럴 때도 있고. 그걸 누가 알겠어요? 하나님은 아시지. 이렇게 흘러왔는데. 이 중에 여기 와서 이 청교도 말씀을 이해 못 하는 사람은 이해 못 하는 걸로 끝나는 게 아니라 바로 전광훈을 비판하는 자로 돌아서요. 사단이야. 사단. 바로 사단의 화신으로 바뀌는 거예요. 극과 극이에요. 극과 극. 여러분은 그렇게 희생되지 말기를 바랍니다. 내가 얼마나 잘 풀어서 차근차근 꼭 유치부 애들한테 가르치는 것처럼. 따라 해 봐요. <u>차근차근, 조곤조곤</u> 이렇게 가르치는데 목사가 돼서 못 알아들어요. 그리고 일어나서 나가면서 "전광훈, 개새끼."하고 차에 시동 걸어서 집에 가는 거예요. 영원히 나하고 원수가 되는 거예요. 왜? 말씀의 떡을 못 받으니까. 그리고 내가 가끔가다 하는 욕만 기억에 남는 거예요. 뭐, 개새끼 뭐, 머리를 다잡아 뜯어, 이것만 남는 거예요. 그거는 가룟 유다의 성찬식이에요. 가룟 유다의 성찬식. 한 사람도 없기를 바랍니다.

여러분은 하나님의 말씀의 떡을 정확히 받았어요. 내 지정의에 사단이 붙으면 안 돼요. 무조건 하나님의 말씀의 지정의가 나를 사로잡아야 해요. 그래야 우리는 하나님 같은 일을 할 수 있어요. 두 손 들고 아멘. 할렐루야. 따라 해 봐요. <u>예수 이름으로 명하노니 사단아, 나가라.</u> 이렇게 나가라고 해서 나가는 게 아니고 하나님의 말씀을 받아들이면 그냥 나가요. 그렇게 내가 홍찬주한테 "귀신아, 나가라." 하니까 안 나간다 그래요. 나는 하루만 버티면 이긴다고 그렇게 말해요. 그런데 결국은 말씀 앞에 나가요. 말씀에 연합되는 것이 그렇게 충분합니다. 믿습니까? 이해됐으면 아멘.

5. 아멘 하도록 성도들 입을 강권하여 열자

오늘, 이 말씀이 여러분의 일생 목회에 결정적인 도움이 될 지어다. 그래서 여러분이 주일날 설교할 때 성도들의 입을 열어야 해요. 아멘 안 하는 사람은 분명히 문제가 있어요. 무조건 입을 열어줘야 해요. 강제로라도 자꾸 시켜야 해요. "집사님! 아멘 하라고! 아멘 해봐. 아우! 집사님 너무 이쁘다. 아멘 하면 더 이쁘겠다." 아멘 하는 순간에 이 속에 악령이 못 견뎌요. 왜? 말씀을 받기 때문에 영이 교체된단 말이에요. 영이. 할렐루야. 무조건 교회에서는요, 아멘 안 하면 문제가 있어요. 아멘 안 하는 사람은 무조건 얼굴 색깔이요, 마귀 오촌 닮아서 시꺼매요. 그다음에 눈빛이 벌써 다 이상해요. 그다음에 예배 마치고 나가서 식당 가서 밥 먹을 때 벌써 음성 색깔이 벌써 부정적으로 말해요. "우리 교회가 다 좋은데." 좋으면 다 좋은 거지. 개 같은 년아. 다 좋은데 해 놓고, 다음 말을 하려고 해요. "다 좋은데."라는 말은 그건 좋지 않다는 얘기예요. "우리 교회가 다 좋은데 예배가 너무 길어." 이렇게 말해요. "다 좋은데 예배가 너무 길어." 사단이에요. 이거는 사단이야. 다 좋은데 뭐, 예배가 너무 길어? 미친년같이 생겨서. 우리는 주일 예배가 보통 두 시간씩 하니까요. 그런데 말씀이 가슴에 와서 부딪치는 사람은 시간을 초월합니다. 시간의 개념을 초월하여 예배를 드린단 말이에요. 그럼, 내가 만약에 시간을 줄여서 그래 자기들이 원하는 대로 한 시간에 마친다? 그럼, 개들이 만족할까? "10분만 더 줄이면 딱 좋은데." 또 이래요. 그럼 50분에 끝나면 만족할까? 우리나라 저녁 예배 다 무너졌잖아요?

"목사님." "왜?" "우리도 저녁 예배 오후 3시에 하자고요. 3시에. 3시에 하자고요." "왜?" "멀리 이사 간 사람들이요, 주일날 낮 예배 마치고 점심 먹고 좀 기다렸다가 오후 예배 참여하면요, 사람들이 많이 참석할 수 있잖아요." 그건요 자기가 하기 싫어서 그런 거예요. 그래서 목사님이 속았어요. "그래? 그러면 오후 3시에 하면 다 모일래?" "그럼요. 낮 예배만큼 모입니다." 그래요. 속았지. 사단한테 넘어간 거예요. 모일 거 같아? 석 달은 모이지. 원점으로 또 돌아가요. 그래서 결국은 주일날 저녁 예배 3시까지도 없어졌어요. 없어졌어. 우리 교회처럼 주일 저녁 예배를 7시에 그대로 버티고 나가는 교회가 어디 있어요? 어디? 이야, 전연기념물이야. 천연기념물. 아우 감사해라. "그런데 목사님, 어떻게 성도들과 싸워서 이겼어요? 머리 다 잡아 뜯었어요?" 해봤어요? 5주를 해보니까 오후 3시로 내려가 봤더니, 똑같은 현상이 일어나요.

그래서 말이죠. 이 사단이 사람 속에 딱 들어가면요, 무조건 부정적으로 끌고 가요. 교회, 모든 거에 대하여 부정적으로 끌고 가요. 그래서 무조건 예배 시간에 흑암의 권세를 이기기 위해서는 설교 시간에 아멘 시켜야 해요. 입을 열게 하자. 따라서 하세요. <u>입을 열게 하자.</u> 아멘. 그래도 아멘 안하거든 '두 손 들고 아멘' 시켜요. 두 손 들고 아멘. 그렇지. 이 '두 손 들고 아멘'이 위력이 있는 거예요. 할렐루야. 전라도식 '두 손 들고 아멘'은 엉덩이를 들었다 놔야 해요. 전라도식으로 '두 손 들고 아멘.' 그렇지. 엉덩이를 들었다 놔요. 전라도 식으로. 전라도 식은 엉덩이를 들었다 놔야 해. 그럼, 사단이 다 도망가요.

그래서 가룟 유다같이 떡을 주님이 줬는데, 떡을 입에다 넣으면서 이 떡이 뭔 말인지 이 떡의 의미가 뭔지를 모르면 그거는 곧 사단이 들어간다.

자, 오늘 저녁 이제 드디어 하이라이트(highlight)가 왔는데 여러분, 하나님 말씀이 연합되면, 이것은 히브리서 4장 12절처럼 하나님 말씀은. 따라서 하세요. <u>하나님의 말씀은 살았고 운동력이 있어 좌우에 날 선.</u> 이 말씀 옆에 좌우에 날 선 검이 말씀을 어떻게 파송해 나가는가? 어떻게 수행해 나가는가? 할렐루야. 말씀이 증거되는 곳에는 항상 좌우에 날 선 검이 선다는 걸 알아야 해요. 이 원리에 대해서 내가 오늘 밤에 기상천외한 원리를 가르쳐줄 테니 대박 나기를 바랍니다. 시온의 대로가 열릴지어다. 할렐루야. 두 손 들고 아멘. 할렐루야요? 〈참 참 참 피 흘리신〉 손뼉 준비. 주님, 역사하여 주시옵소서. 하나님이여, 강타하여 주시옵소서. 성령이여, 강타하여 주시옵소서.

〈참 참 참 피 흘리신〉

1. 참 참 참 피 흘리신 예수의 사랑 안에서
   주님의 십자가 따라 생명을 바치겠느냐
   복음의 불길 오른다 다 같이 일어나거라
   영광의 주님의 나라 다 같이 참예하여라

   (후렴) 성령의 성령의 불길 성령 불이야
   온 천하 세계만방에 퍼지자 성령의 불길
   성령의 성령의 불길 성령 불이야
   온 천하 세계만방에 퍼지자 성령의 불길

2. 참 참 참 들려오는 구원의 큰 승소리에
   복음을 전파하려면 희생을 각오하느냐
   구원은 성도들의 것 진리로 거두리로다
   우리는 천국에 가서 영생의 꽃이 되리라

아멘. 할렐루야. 꼭 주님의 떡을 먹으세요. 주님의 말씀의 떡. 따라서 하세요. 말씀의 떡. 주님의 말씀의 떡을 먹어서 지정의가 삼킨 바가 되십시오. 주님의 말씀에 삼킨 바가 되세요. 절대 가룟 유다의 떡을 먹으면 안 돼요. 믿습니까?

두 손 높이 드시고 자, '주여' 삼창하면서 통성 기도하는데, "하나님, 주님 말씀을 이제 들었습니다. 나는 100 프로 받았습니다. 내 지정의는 오직 말씀에 사로잡히길 원합니다. 말씀의 지정의여, 나를 삼켜주시옵소서. 사단, 어두운 마귀는 떠나가게 하여 주시고 한 길로 왔다 일곱 길로 물러가게 해 주세요." '주여' 삼창하며 기도하겠습니다. 주여! 주여! 주여!

03

좌 우 에 날 선 검

설교 일시　2017년 10월 31일(화) 저녁 집회

장　　소　실촌수양관

대　　상　청교도 말씀 학교 목사, 사모

성　　경　요한복음 10:34-35

34 예수께서 가라사대 너희 율법에 기록한바 내가 너희를 신이라 하였노라 하지 아니하였느냐

35 성경은 폐하지 못하나니 하나님의 말씀을 받은 사람들을 신이라 하셨거든

Ⅰ.
영은 말을 통해
나와 사람 속에 들어간다

1. 말이 영이다

1) 영혼의 3대 기능 : 지정의

아멘. 하나님의 말씀입니다. 따라서 합니다. 하나님의 말씀. 사람의 육체 속에는 그 무엇이 살고 있다. 그 사람의 육체 속에 살고 있는 걸 뭐라 그러냐? 영혼이라고 한다. 영혼. 따라서 합니다. 영혼. 사람의 육체 안에 영혼이 살고 있다. 동의하십니까? 그런데 사람 속에 있는 이 영혼은 세 가지의 기능이 있다는 거예요. 한번 따라서 합니다. 생각의 기능. 영은 생각할 줄 안다 이거죠. 다시요. 느낌의 기능. 느낄 줄 안다는 거죠. 다시. 의지의 기능.

그런데 사람 속에 살고 있는 이 영이 바깥으로 나올 때가 있다는 거예요. 육체 바깥으로 나올 때. 나올 때는 뭘 통하여 나오냐? 말을 통하여 나온다. 말을 통하여. 그러나 인간의 말은 사람 속에 있는 영혼을 싣고 나오기 때문에 말속에는 당연히 이 세 개가 다 여기에 녹아있는 거예요. 한번 따라서 합니다. 생각. 다시. 느낌. 의지. 이걸 다른 말로는 지정의라 그래요. 지정의. 따라서 합니다. 지정의. 인간의 말은 지정의다. 그래서 예수님이 요한복음 6장 몇 절이라고요? 63절에. 내 말이 곧 무엇이오? 영이오. 어떻게 말이 영이 될까? 이 원리로 말이 영이 되는 거예요. 아멘.

2) 말은 사람 속에 들어가 연합을 일으킨다

그러면 사람으로부터 나온 이 말이, 지정의를 싣고 있는 이 말이 다시 사람 속으로 들어간다는 거예요. 다른 사람 속에. 들어가서 이 사람의 영혼을 만진다는 거예요. 영혼을 만져서 이 사람의 지정의에 달라붙는다는 거예요. 이게 달라붙어요. 이 사람의 지정의를 만진다 이거예요. 말이 들어가서 그 사람의 지정의를 만진다 이거예요. 만져서 뭘 하냐? 연합하는 거예요. 연합. 따라서 합니다. 연합. 연합을 일으킨다.

그러면 이것이 연합이 된 사람은 말이 들어가서 그 사람과 섞여 버리기 때문에 그 사람의 영혼을 만졌기 때문에 그 사람과의 연합, 이것은 곧 사람의 능력이 나타나는 거예요. 자. 예를 들면, 아인슈타인 말을 들었다. 아인슈타인의 상대성 원리 있잖아요? $E=mc^2$. 이건 아인슈타인만 알고 있는 거예요. 그런데 아인슈타인이 어느 날 말을 했어요. "지금까지 알고 있던 물리학은 아니야." 해서 그중에서 "우리 아름 뭐 253번(?) 이거는 가끔가다 이탈해." 이렇게 아인슈타인이 말을 했어요. 그러면 그 말을 들은 사람은요, 아인슈타인같이 핵무기를 만드는 능력이 나타나요. 말이 들어가면 그렇게 되는 거예요. 사람이 그래서 누구의 말을 듣든지 그 사람의 말을 듣는 순간 그 사람 급으로 사람이 바뀐다, 이거예요. 이해됐어요?

2. 하나님의 말씀은 영이다

1) 하나님 말씀의 지정의

이것을 설명하려고 말씀드린 것이 아니고 더 큰 것은 뭐냐? 하나님도 똑같다는 거예요. 이 두 번째 거를 설명하려고 이 말이 필요한 거예요. 하나님도 영이다. 따라서 합니다. <u>하나님도 영이시다.</u> 하나님의 본체는 어디 계시냐? 하나님의 보좌에 계셔요. 보좌에 계신 하나님도 바깥으로 나올 때는 말을 통하여 말씀을 통하여 나옵니다. 따라서 합니다. <u>말씀.</u> 하나님도 영이시기 때문에 영은 세 가지 기능이 있다고 그랬죠? 다시요. <u>생각.</u> 다시요. <u>감정.</u> 따라서 합니다. <u>의지.</u> 하나님의 영도 생각할 줄 알고 느낄 줄 알고 결정할 줄 알아요. 그런데 이 하나님이 바깥으로 나올 때는 뭘 통하여 나온다고요? 말씀을 통하여 나온다, 이거예요.

2) 하나님의 말씀이 사람 속에 들어가 연합을 일으킨다

그러면 하나님의 말씀도 하나님의 영을 싣고 나오기 때문에 하나님의 말씀이, 하나님의 지정의가 실린 말씀이 또 사람 속으로 들어간단 말이에요. 사람 속으로. 여러분과 제 속으로 말씀이 들어온단 말이에요. 들어와서 인간이 가지고 있는 인간 원래 영혼의 지정의 여기에 달라붙는단 말이에요. 지정의에. 오늘 밤도 말씀이 여러분에게 착상하기를 바랍니다. 말씀이 딱 달라붙는단 말이에요. 달라붙어서 그 사람에게 연합을 일으켜요. 말씀이 사람과 연합을 일으키면 그 사람은 사람인데 하나님의 능력이 나타나는 거예요. 믿습니까? 그래서 하나님의 말씀을 받은 자는 곧 신이라 그랬어요. 신. 하나님이 된다, 이거예요. 이해되시면 아멘. 사람과에서 하나님과로 우리가 옮겨간다, 이거예요. 요한복음 10장 다시 넘겨보시면 자, 핵심적인 성경은 우리가 늘 읽어 놓고 또 암송해 놓는 것이 훨씬 좋습니다. 요한복음 10장 34절 우리 다 한 목소리 읽어보시면, 시작.

(요한복음 10:34-35)

34. 예수께서 가라사대 너희 율법에 기록한바 내가 너희를 신이라 하였노라 하지 아니하였느냐

35. 성경은 폐하지 못하나니 하나님의 말씀을 받은 사람들을 신이라 하셨거든

아멘. 오늘 밤에도 이 사건이 이루어질지어다. 여러분과 제가 지금 하고 있는 이 사역은 사람의 힘으로는 할 수 없는 사역이에요. 우리가 다 하나님, 작은 하나님이 되어야 해요. 누가 작은 하나님이 되느냐? 하나님의 말씀을 받은 자. 따라서 합니다. 말씀을 받은 자.

3. 마귀의 말과 연합하는 자는 사단

오늘 낮에는 우리가 마귀에 대해서 말했어요. 마귀도 마찬가지였어요. 마귀도. 마귀도 영이에요. 그러니까 마귀도 당연히 세 개를 가지고 있지요. 사단도 생각한다. 따라서 합니다. 생각한다. 따라서 합니다. 느낀다. 따라서 합니다. 결정한다. 사단도 바깥으로 나올 때는 말을 통하여 나와요. 말을 통하여. 그 사단의 말도 세 가지가 녹아있어요. 지정의를 가지고 있어요. 이 사단의 말도 결국 사람 속으로 또 들어간단 말이에요. 들어가서 사단의 말이 인간의 지정의와 달라붙어 연합을 일으키면 그 사람은 곧 사단이에요. 사단. 그러니깐 가롯 유다에게 "이 중에 하나는 사단이다. 이 중에 하나는 마귀니라." 그랬단 말이에요.

4. 하나님 말씀과 연합하자

그렇다면 이 땅에 사는 수도 없는 70억의 인구 중에는 이 세 가지의 종류의 사람이 있는 거예요. 누구와 연합하느냐, 이거예요. 여기 계신 여러분과 저는 하나님의 말씀과 연합해야 해요. 말씀과 연합하는 놀라운 역사가 일어날지어다. 믿습니까? 하나님의 말씀과 연합하는 사람은 초자연적인 역사가 일어나요. 사단과 연합하는 사람이 너무 많아요. 이거는 안 되는 거예요. 이거는 큰일 나는 거야. 사람의 말과 연합하는 사람은 뭐, 조금 무슨 뭐 유명한 사람은 되겠지만 그것도 근본은 아니고 우리는 다 하나님 말씀과 철저히 연합합시다. 믿습니까? 옆 사람 다 손잡고 <u>말씀과 연합합시다.</u> 오늘 밤에 이 말씀과 철저히 연합하는 일이 일어나기를 바랍니다. 할렐루야요? 〈주의 약속하신 말씀 위에 서〉입니다. 자, 오늘 주님, 하나님 말씀과 연합하여 나도 하나님이 되게 하여 주시고, 하나님과 방불한 역사가 일어나게 해주세요.

찬송가 399장 〈주의 약속하신 말씀 위에 서〉

1. 주의 약속하신 말씀 위에 서
영원토록 주를 찬송하리라
소리 높여 주께 영광 돌리며
약속 믿고 굳게 서리라

(후렴) 굳게 서리 영원하신 말씀 위에 굳게 서리
굳게 서리 그 말씀 위에 굳게 서리라

2. 주의 약속하신 말씀 위에 서
세상 염려 내게 엄습할 때에
말씀으로 힘써 싸워 이기며
약속 믿고 굳게 서리라

3. 주의 약속하신 말씀 위에 서
영원하신 주의 사랑 힘 입고
성령으로 힘써 싸워 이기며
약속 믿고 굳게 서리라

4. 주의 약속하신 말씀 위에 서
성령 인도하는 대로 행하며
주님 품에 항상 안식 얻으며
약속 믿고 굳게 서리라

〈기도하자 우리 마음 합하여〉

1. 기도하자 우리 마음 합하여
   기도하자 우리 마음 합하여
   할렐루야 아멘 할렐루야 아멘
   기도하자 우리 마음 합하여

2. 찬송하자 우리 모두 주님께
   찬송하자 우리 모두 주님께
   할렐루야 아멘 할렐루야 아멘
   찬송하자 우리 모두 주님께

3. 걸어가자 하늘 영광 저 문을
   걸어가자 하늘 영광 저 문을
   할렐루야 아멘 할렐루야 아멘
   걸어가자 하늘 영광 저 문을

4. 바라보자 주님 계신 천국을
   바라보자 주님 계신 천국을
   할렐루야 아멘 할렐루야 아멘
   바라보자 주님 계신 천국을

Ⅱ.
하나님의 말씀을 수행하는
좌우에 날 선 검

1. 좌우에 날 선 검은 하나님의 말씀을 파수함

아멘. 할렐루야. 이제 정말 가장 중요한 절정의 말씀을 오늘 저녁에 상고하겠습니다. 이제는 뭔 말인지 감을 잡았지요? 말씀과의 연합입니다. 따라서 합니다. 말씀과 연합하면 나를 통하여. 따라서 합니다. 하나님의 능력이 나타난다.

그런데 오늘 읽은 본문 말씀을 보면 하나님의 말씀은 살았고 운동력이 있어. 운동력이 있어서 좌우에 날 선 어떤 검보다 예리하여. 좌우에 날 선 검이 선다, 그랬어요. 하나님의 말씀은요, 그냥 혼자 말씀 혼자 가는 게 아니에요. 말씀이 가는 데는 항상 날 선 검, 좌우에 검이 따라가는 거예요. 좌우에 검이. 하나님 말씀이 증거되는 곳에는 좌우에 오른쪽 왼쪽 검이 따라간다. 이 검이 말씀을 파수한단 말이에요. 그 말씀을 이룬단 말이에요. 믿습니까? 여러분들은 하나님 말씀을 우습게 보면 안 돼요. 말씀이 증거되는 데는 그 말씀을 지키기 위하여 좌우에 날 선 검이 따라가요. 마치 옛날에

조선시대 때에 왕이 어명을 내리면 "어명이오." 그러면 두루마리 말은 거처럼 생긴 거 가지고 왕의 명령이 거기에 한자로 쓰여있는 거 들고 가요. 그러면 양쪽에 보초병이 붙어요. 창을 들고 수행해요. 중간에 왕의 말을 이것을 지키기 위해서 양쪽에서 창을 들고 같이 수행한단 말이에요. 그와 똑같은 일이 하나님의 말씀에도 나타나요. 지금 제가 여러분에게 설교하고 있잖아요? 이 설교하는 이 말을 하나님의 검이 파수한다는 거예요.

2. 성령의 검과 천사의 검

1) 성령의 검이 호위 : 내적 변화

그런데 양 좌우라 그랬어요. 좌우에. 하나님의 말씀에는 좌우에 날 선 검이 서는데 첫 번째 검이 뭐냐? 잘 들으세요. 성경에는 하나님의 성령을 검이라 그랬어요. 아멘. 하나님의 말씀은 성령이 말씀을 집행하기 위하여 항상 하나님의 말씀을 성령이 이루기 위하여 검으로 따라다닌다는 거예요. 이해되시면 아멘. 그러니까 하나님의 말씀과 연합이 된 사람은 하나님의 성령이 날 선 검을 가지고 그 사람을 지키고 그 말씀을 파수하고 그 말씀을 호위한다는 거예요. 앞으로 여러분이 하는 모든 일에 성령의 호위하심이 일어날지어다. 그래서 기적이 일어나는 거예요. 병이 낫고, 기적이 일어나고, 앉은뱅이가 일어서고, 소경이 눈 뜨게 하는 이것은 전부 성령의 검이 나타나서, 말씀 때문에, 말씀을 수행하기 위하여 성령이 나타난다고요. 성령이 나타난다, 이거예요. 아멘입니까? 여러분에게 강력한 이 검이 나타나기를 바랍니다.

그다음에 또한 좌우에 날 선 검 중의 하나는 뭐냐? 이거는 여러분들이 이제 심각하게 잘 들어야 해요. 이건 말하기가 좀 조심스러워요. 그래도 할 수 없어. 이제는 뭐 할 수 없어. 하나는 성령의 검이라 그랬죠? 따라서 합니다. <u>성령의 검.</u> '성령의 검 곧 하나님의 말씀을 가지라.' 성령의 검이에요. 또 하나의 검은 좌우에 날 선 검이니까 또 하나의 검이 뭐냐? 천사의 검이에요. 천사의 검.

자, 보세요. 창세기에 보면, 천사가 나타나는 걸 두루 도는 화염검이라 그래요. 그게 두루 도는 화염검이 칼만 따라오는 게 아니에요. 천사를 말하는 거예요. 천사는 날 선 검을 가지고 사람을 수행하는 거예요. 앞으로 여러분에게 천사의 수종이 일어날지어다.

그래서 이 차이는 무슨 차이가 있는가? 성령의 검과 천사의 검은 같은 하나님의 역사를 일으키지만, 여기에 차이가 있어요. 주로 물질적인 분야, 예를 들어서, 육체에서 뭐 병이 낫거나, 기적이 일어나거나, 소경이 눈을 뜨거나, 앉은뱅이가 일어서는 이건 전부 천사들이에요. 그다음에 내적인 변화의 역사, 사람이 감동을 받는다거나 하는 거는 전부 성령의 검의 역사예요.

2) 천사의 검이 호위 : 외적, 물질적 변화

이 두 검이 사역자들을 호위하게 돼 있어요. 증거요? 내가 말씀드릴게요. 보세요. 뭐, 여호수아 장군이 여리고 성을 앞두고 할 때 천사가 나타나서 검을 든 천사가 하나님의 군대 장관이 나타나서 "너는 나를 위함이냐 대적하냐?" 그 말을 포함하여, 그다음에 사도행전을 잘 보십시오. 사도행전은 오순절에 성령 세례가 부어졌지요? 그런데 실제로 감옥에서 사도들을 꺼내고 하는 것은 다 누가 하냐면 천사가 해요. 이게 사도행전이 신약이에요? 구약이에요? 신약이에요. 사도 바울이 알렉산드리아 배를 타고 지중해를 가다가 배가 파선했을 때 주의 사자가 그래요. 하나님의 사자가 바울을 따라다녀요. 앞으로 여러분에게도 그런 일이 일어나기를 바랍니다. 거기에 큰 기적이 일어나는 거예요. 여러분은 천사 호위의 체험이 일어나기를 바랍니다. 일반적 기적이 아니에요. 이건 초자연적인 역사입니다.

3) 하나님의 말씀을 실현하는 양 검

그래서 하나님의 천사가 사람을 수종 하는 것은 성경에만 있는 것이 아니라 오늘날도 그대로예요. 썬다 싱(Sadhu Sunda Singh) 책 안 읽어보셨습니까? 썬다 싱은 아예 천사하고 같이 살잖아요? 썬다 싱 책 읽어보면 같이 살아요. 그냥 같이 살아요. 멀쩡하게 천사하고 같이 산다고요. 오늘 이후로 하나님의 말씀과 연합이 잘 되어서 좌우에 성령의 검과 천사의 검이 나타날지어다. 믿습니까? 시편을 보면, 시편 한번 읽어보겠습니다. 여기 보면 천사들이 무슨 일을 하는지, 103장부터 한번 보시면, 여러 곳에 있습니다. 제19절부터 한번 읽어보시면, 시작.

(시편 103:19-20)

19. 여호와께서 그 보좌를 하늘에 세우시고 그 정권으로 만유를 통치하시도다
20. 능력이 있어 여호와의 말씀을 이루며 그 말씀의 소리를 듣는 너희 천사여 여호와를 송축하라

따라서 합니다. 능력이 있어 여호와의 말씀을 이루며 그 말씀의 소리를 듣는 너희 천사여. 그러니까 천사들은 하나님의 말씀을 이루기 위하여 우리를 호위한단 말이에요. 우리가 설교하고 하나님 말씀을 선포하면 그 말씀을 받들어서

그것이 이루어지도록 이렇게 성령의 검과 천사의 검이 말씀을 수종 한단 말이에요. 그 말씀이 그대로 이루어지도록요. 할렐루야. 그래서 하나님의 말씀과 연합하는 자는 복이 있도다! 놀라운 역사예요. 놀라운 역사. 할렐루야. 구약에 있는 선지자들도 '하나님 말씀을 내가 내 입에 둘 것이며.' 그러니까 뭐 사무엘한테도 그러잖아요? "사무엘, 나이가 어리다고 생각하지 마. 네 말 하나도 땅에 떨어지지 않고 다 이루게 돼. 말하면 그대로 현실로 이루어지는 거야." 이루시는 분이 누구냐? 하나는 성령의 검. 따라서 합니다. <u>성령의 검, 천사의 검.</u> 오늘 이 시간 후로 나타날지어다. 따라서 합니다. <u>주여.</u> 다시요. <u>주여, 주시옵소서.</u> 할렐루야. 〈천성을 향해 가는 성도들아〉 우리 찬송 부르겠습니다.

찬송가 40l장 〈천성을 향해 가는 성도들아〉

l. 천성을 향해 가는 성도들아
앞길에 장애를 두려 말아라
성령이 너를 인도하시리니
왜 지체를 하고 있느냐

(후렴) 앞으로 앞으로 천성을 향해 나가세
천성 문만 바라고 나가세
모든 천사 너희를 영접하러
문 앞에 기다려 서있네

2. 너 가는 길을 누가 비웃거든
확실한 증거를 보여주어라
성령이 친히 감화하여 주사
저들도 참 길을 얻으리

3. 너 가는 길을 모두 가기 전에
네 손에 든 검을 꽂지 말아라
저 마귀 흉계 모두 깨뜨리고
끝까지 잘 싸워 이겨라

Ⅲ.
좌우에 날 선 검의 역사

1. 말씀 선포와 회개 – 성령의 검

아멘. 성령의 검이 나타날지어다. 설교하면 성령의 검이 나타나야 해요. 에베소서 제6장입니다. 6장 13절 말씀 읽으시면, 시작.

(에베소서 6:13-17)

13. 그러므로 하나님의 전신갑주를 취하라 이는 악한 날
에 너희가 능히 대적하고 모든 일을 행한 후에 서기 위함
이라

14. 그런즉 서서 진리로 너희 허리 띠를 띠고 의의 흉배
를 붙이고

15. 평안의 복음의 예비한 것으로 신을 신고

16. 모든 것 위에 믿음의 방패를 가지고 이로써 능히 악
한 자의 모든 화전을 소멸하고

17. 구원의 투구와 성령의 검 곧 하나님의 말씀을 가지라

성령의 검. 따라서 합니다. 성령의 검. 설교할 때마다 성
령의 검이 나타날지어다. 성령의 검이 안 나타나면 설교 듣
고 성도들이 안 깨어져요. 성령이 찔러야 하는 거예요. 여러
분이 말할 때 여러분 혼자 말하면 안 돼요. 성령이 찔러줘야
해요. 그래야 심령이 깨지고 변화되고 뒤집어져요. 믿습니
까? 다 그렇게 되기를 바랍니다. 할렐루야. 그래서 하나님의
말씀과 우리가 연합한다는 것이 얼마나 중요하다는 걸 알아
야 해요. 여러분 자신에게 능력이 있는 게 아니라니까요? 말
씀 자체에 능력이 있어요. 말씀 자체에. 말씀의 배달꾼이 되
기를 바랍니다. 하나님 말씀을 여러분과 저를 통하여 배달
하는 거예요. 그런 말씀을 들으면 말씀이 역사한단 말이에

요. 하나님 말씀이 사람 속에 들어가서 역사하게 돼 있어요.
지정의를 만지게 돼 있어요. 아멘.

2. 복음 선포와 기적 – 천사의 검

그리고 사도행전 8장을 한번 보십시오. 자, 사도행전 8장에
무슨 일이 있는가? 사도행전 8장을 넘겨보시면, 4절부터 한
번 읽겠습니다. 여기 사마리아 지방에 일어난 역사를 한번
보시란 말이에요. 시작.

(사도행전 8:4-10)
4. 그 흩어진 사람들이 두루 다니며 복음의 말씀을 전할쌔
5. 빌립이 사마리아 성에 내려가 그리스도를 백성에게 전
파하니
6. 무리가 빌립의 말도 듣고 행하는 표적도 보고 일심으
로 그의 말하는 것을 좇더라
7. 많은 사람에게 붙었던 더러운 귀신들이 크게 소리를
지르며 나가고 또 많은 중풍병자와 앉은뱅이가 나으니
8. 그 성에 큰 기쁨이 있더라
9. 그 성에 시몬이라 하는 사람이 전부터 있어 마술을 행
하여 사마리아 백성을 놀라게 하며 자칭 큰 자라 하니
10. 낮은 사람부터 높은 사람까지 다 청종하여 가로되 이

사람은 크다 일컫는 하나님의 능력이라 하더라

자, 보세요. 이게 사마리아 성에 일어난 부흥 운동이에요. 이 운동의 전체가 여러분의 사역장에 나타나기를 바랍니다. '사마리아 성에 빌립이 내려가서 복음을 전하매.' 따라서 합니다. 복음을 전하매. 그러니까 귀신들이 소리치며 떠나갔다 그랬어요. 할렐루야. 여러분이 설교하는 중에 귀신이 소리치며 떠나가는 역사가 일어날지어다. 이거는 기본이에요. 기본. 하나님 말씀의 사역자들 앞에는 귀신이 소리치며 떠나는 것은 기본적으로 체험해야 한다! 솔직히 말해봐요. 귀신 한 번도 안 쫓아본 사람 손 들어봐요. 아이, 거꾸로 했네. 쫓아본 사람 손 들어봐요. 귀신 한 번이라도 쫓아본 사람? 이야, 꽤 많네? 웬일이야? 여기 순 귀신 쫓는 사람들만 모였네. 그런데 이게 귀신 쫓는 것은요, 이건 절대 사람의 힘으로 안 됩니다. 귀신이 설교하는 중에 소리를 쳤다? 귀신이 벌써 발작했다? 그러면 몇 가지 전제 조건이 그 사람에게 이루어진 거예요. 첫째는 기름 부음이 임한 거예요. 일단 기름 부음이 임했다고 봐야 해요. 귀신이 발작했다 그러면 기름 부음이 임했다 이거예요. 아멘. 그다음에 귀신이 발작하고 떠나갔다? 귀신이 소리쳤다? 그럴 때는 이미 그 사람 속에 복음이 임해 있다는 거예요. 복음이 없는 사람은 절대 귀신 못 쫓아내요. 복음이 이미 가슴에 와 있기 때문에 귀신이 발작하는 거예요. 귀신 쫓는 능력이 임할지어다. 그리고 여기 보면 앉은뱅이가 일어났다 그랬어요. 앉은뱅이가. 앉은뱅이 가 벌떡 일어났다 그랬지? 할렐루야. 표적과 기사가 일어났 다 그랬어요.

3. 간증 – 박경선 이모님 치유 기적

저는 부흥회 30년 하는 동안에 많은 표적을 봤어요. 기상천 외한 표적을 봤어요. 나도 어떨 때는 좀 안 믿어져요. 이 사 람이 나한테 와서 쇼(show)를 했나? 거짓말을 했나? 거짓말 한 거 같아요. 기상천외한 기적의 역사를 난 수도 없이 많이 봤어요. 오늘날도 일어납니다. 아멘. 멀쩡하게 수술일 다 잡 아놓고, 앞에 예비 검사 다 하고, 엑스레이(x-ray) 다 찍고 엠 알 아이(MRI) 다 하고, 그리고 병원에 딱 갔어요. 가서 "마지 막 수술하기 전에 한 번 더 찍어봅시다." 그날 당일 새로 또 찍어요. 항상 수술 직전에 수술을 판정하기 위해서 일주일 전에 찍은 것 말고 수술 당일 또 새로 찍는다고요. 그 일주일 사이에요? 기도해서 나한테 딱 한번 기도 받았는데 흔적도 없이 사라졌어요. 흔적도 없이. 흔적 자체도 없어요. 아멘.

나를 전도해 준 우리 이모님이 계시는데 박경선 우리 이모 님인데 우리 이모님이 나를 전도해 줘서 내가 새 생명을 얻게 된 거예요. 예수를 믿게 된 거예요. 1969년도에 내가 서울에 올라와서 이모님 집에서 자취하고 있을 때 강제로 나를 교회 데려가서 내가 성령 체험을 하게 되었어요. 그래서 우리 이모님이 나를 전도했고 키웠기 때문에 내가 어떻게 주님을 사랑하는지를 우리 이모님이 알아요. "너 같은 애가 없다." 그래요. 나는 예수를 위하여 생명 걸었으니까. 아멘. 내가 주님을 위하여 생명 건 것은요, 이거 말하면 여러분이? 생명 걸어도 그래도 절대 안 죽어요. 절대 안 죽어. 여러분도 믿음으로 살아가십시오. 믿음으로 살아가자! 저는 이해되지 않은 일을 수도 없이 해요.

그런데 하루는 이거 몇 년 안 됐어요. 한 사오 년 전인데, 우리 이모님이 연세가 많으셔서 팔십이 다 돼서 집에서 욕조에서 나오다가 목욕하고 나오다가 넘어져서 팔이 부러졌어요. 팔이. 팔이 부러졌단 말이에요. 그래서 병원 가서 엑스레이를 딱 찍어보니까, 팔이 그냥 금만 간 게 아니라, 팔이 완전히 위골 됐어요. 이렇게 틀어질 만큼 팔이 딱 끊어졌어요. 댕강 끊어졌단 말이에요. 며느리가 현대중앙병원의 의사예요. 의사도 일반 의사가 아니라 엑스레이 의사에요. 엑스레이. 방사선과 의사예요. 이화여대 의대 나와서요. 며느리가 현대중앙병원 큰 데 있잖아요? 거기 엑스레이를 찍는 방사선 의사란 말이에요. 그러니까 갔단 말이야. "내가 팔이 부러졌다.” “아이고! 어머니, 좀 조심하시죠. 어머니 이렇게 연세가 많은데.” 그래서 딱 며느리가 대놓고 찍어보니까, 이게 뭐 벌써 뭐 마디가 아니고 이 한가운데 여기가 딱 부러졌어요. 그런데 이게 부기가 좀 빠져야 하니까 바로 수술이 안 되니까 그래서 철을 박고 쇠를 박고 수술해야 하니까 3일 후에 하자고 해서 뭐 자기 며느리가 의사니까 그렇게 날짜 다 잡아놨어요. 그리고 주일날 이렇게 붕대를 감아서 교회에 왔어요. 우리 교회. 나보고 그래요. 우리 이모님이 나한테 항상 목사님이라 그래요. “나는 목사님이 기도하면 이게 붙을 것 같아.” 본인이 이래요. 그래서 ‘아유, 저거는 말이야 살짝 금이 가야 붙든 말든 하지. 저게 팔이 부러져서 이게 벌써 비틀어졌는데 저게 어떻게 붙겠냐 말이야.’ 그런데 이모님이 자꾸 달라붙어요. “목사님이 기도하면 나을 것 같다.” 그래요. 그래서 이제 당회장실에 딱 앉혀놓고 딱 잡고 기도했어요. 따라서 합니다. <u>예수 이름으로.</u> 이게 복음의 위력이 나타나는 거예요. <u>붙을지어다.</u> 여러분도 한번 명령해 보란 말이에요. 하면 돼요. 이것이 세팅(setting)이 딱 된 사람은 하나님과 같은 능력이 나타난다고 그랬지요? 여러분이 하나님과로 이사 간단 말이에요. 내 지정의가 말씀의 지정의에 삼킨 바가 된 사람은 방불한, 하나님과 방불한 일이 일어난단 말이에요. 그래서 “예수 이름으로 붙어라.” 그리고 기도하고 돌려보냈어요. 그리고 그다음 날 아침 10시에 수술 시간인데 갔어요. 이제 다시 한번 찍어야죠? 바로 수술 들어가니까 정확한 지점을 알기 위하여 딱 찍었는데요? 현대중앙병원에서 이게요? 이게 틀어졌던 뼈가 부러진 게요? 흔적도 없이 붙어 버렸어요. 그래서 "3일 전에 찍은 엑스레이를 그거를 다시 한번 가져와서 비교해 보자." 의사들이 이해가 안 되는 거예요. 이해가. 이러한 초자연적인 역사가 일어난단 말이에요. 연합하면, 말씀과 연합하면.

4. 말씀 좌우에 날 선 검이 기적을 일으킴

이런 일이 바로 사마리아 교회에서 빌립을 통하여 이루어졌어요. 그럼, 빌립을 통하여 이런 일이 이루어진 것은 어떻게 이루어졌을까? 14절에 보면, 이런 말이 있어요. 8장 14절 시작.

(사도행전 8:14)
예루살렘에 있는 사도들이 사마리아도 하나님의 말씀을 받았다 함을 듣고 베드로와 요한을 보내매

하나님의 무엇을? 봐요. 말씀이 먼저 간단 말이에요. '하나님의 말씀을 받았다 함을 듣고.' 말씀이 갈 때는 아까 일어난 4절부터 일어난 이런 현상은 말씀이 가는 곳에 일어나는 현

상이에요. 아멘. '말씀을 받았다 함을 듣고.' 말씀이 뭔 일을 일으켜요? 4절 다시 한번 봐요. 4절. 이런 일을 일으킨단 말이에요. 이게 성령의 검과 천사의 검이 사람을 따라다닌단 말이에요. 이 사람은 목사도 아니에요. 집사님이에요. 빌립 집사란 말이에요. 집사. 4절 다시 시작.

(사도행전 8:4)
그 흩어진 사람들이 두루 다니며 복음의 말씀을 전할쌔

복음의 무엇을 전할쌔? 말씀을 전하니까 말씀에는 좌우에 날 선 검이 수행한다고 그랬어요. 빌립이 일개 집사에 불과하지만, 집사가 말하는 말에 검이 수행하는 거예요. 검이 따라간다 이 말이에요. 흩어진 사람들이 두루 다니며 복음의 말씀을 전할쌔. 5절 말씀 시작.

(사도행전 8:5-6)
5. 빌립이 사마리아 성에 내려가 그리스도를 백성에게 전파하니
6. 무리가 빌립의 말도 듣고 행하는 표적도 보고 일심으로 그의 말하는 것을 좇더라

표적이 나타나더라. 이것은 날 선 검이 수행하기 때문에

표적이 나타나요. 나타날지어다. 아멘. 그다음 말씀 시작.

(사도행전 8:7)
많은 사람에게 붙었던 더러운 귀신들이 크게 소리를 지르며 나가고 또 많은 중풍병자와 앉은뱅이가 나으니

더러운 귀신들이 크게 소리 지르며 나가고. 할렐루야. 〈구주 예수 의지함이〉입니다. 손뼉 준비. 주님, 오늘 내게도 날 선 검이 따라오게 하여 주시옵소서. 날 선 검이 따라붙게 하여 주시옵소서.

찬송가 340장 〈구주 예수 의지함이〉

1. 구주 예수 의지함이 심히 기쁜 일일세
   허락하심 받았으니 의심 아주 없도다

(후렴) 예수 예수 믿는 것은 받은 증거 많도다
   예수 예수 귀한 예수 믿음 더욱 주소서

2. 구주 예수 의지함이 심히 기쁜 일일세
   주를 믿는 나의 맘을 그의 피에 적시네

3. 구주 예수 의지하여 죄악 벗어 버리네
   안위 받고 영생함을 주께 모두 얻었네

4. 구주 예수 의지하여 구원함을 얻었네
영원무궁 지나도록 함께 계시리로다

아멘. 따라서 합니다. <u>주여, 검을 주세요.</u> 여러분 말씀에
검을 파송하는 역사가 일어날지어다.

5. 간증 – 울산집회에 나타난 천사의 역사

한참 오래전에 30년 전이에요. 30년 전인데 내가 울산시 연
합집회를 하고, 대구도 하고, 이 청교도 시작하기 전이에요.
내가 청교도 시작하기 전에도 전국의 체육관 집회를 한 바
퀴 돌았어요. 울산 연합집회를 하는데 그 제목은 뭐냐 하면,
교도소에 성경 넣기 집회예요. 이걸 내가 전국에 한 바퀴 하
는 거예요. 성도들이 헌금하면 집회하면 다 역사가 일어나
니까 이제 나를 이용해서. 내가 거기에 넘어갔어요. 넘어가
서 전국을 다니는 거예요. 집회하면 성령이 역사하고 하니
까. 그래서 돈 걷어서 교도소에 성경 넣기를 하는 거예요.
하는데, 나중에 보니까, 내가 이용 많이 당했어요. 그때 헌
금 걷은 거 가지고 다 성경 안 넣더라고요. 그 사람이 보니
까 절반은 자기가 떼어먹더라고요. 나는 그때 순수해서 난
그건 몰랐어요. 그냥 가자는 대로 다 따라다녔어요. 그때

남순희는 예수도 믿기 전이야. 그러니까 울산시 연합집회를 하는데, 그날따라 성령이 부어지는데 말이야, 설교를 그냥 살살 하는데도 2층에 체육관에 앉은 사람들이 그냥 소리를 치며 귀신들이 떠나가요. 내가 일대일로 이렇게 기도하는 것도 아닌데, 설교하는 중에 막 중간중간에서 괴성을 지르며. 뭐 이초석 집회는 저리 가라예요. 그냥 소리를 지르며 귀신들이 막 떠나가요. 그리고 너무너무 은혜스러운 거예요. 성령이 덮어버리는 거예요. 하도 은혜스럽고 성령이 덮으니까 주최했던 그 목사님이 말이에요? 목사님이 하도 은혜스러우니까 저 뒤에 가서 내가 설교하는 걸 사진을 찍었어요. 그때는 비디오(video)나 캠코더(camcorder) 이것이 없던 시대예요. 그냥 일반 필름(film)을 가지고 사진만 찍는 시대예요. 그때는 동영상은 없는 시대예요. 그런데 찍었는데요? 그러고 난 뒤에 내가 한 달 후에 감림산에 부흥회를 하러 갔어요. 감림산에 집회를 하러 갔더니, 그 목사님이 왔어요. 와서 그때 사진 찍은 걸 현상해 가지고 왔는데, 이야! 내가 강대상에서 딱 설교하는데요? 내 양쪽 어깨에 천사가 날개를 펴고 딱 서 있어요. 이야! 이게 천사는요 사진을 찍으면 나올 때가 있어요. 이 양쪽에 이렇게 천사가 뚜렷하게 나와서요? 쌩쌩하게? 그래서 내 감림산 그때 온 사람한테 내가 보여주면 자랑도 했었는데. 너, 못 봤냐? 그때? 못 봤냐? 그리고 내가 그 목사님한테 찢어서 버리라 그랬어요. 왜? 이 사진이 바깥에 나가 봐요? 전광훈 이단, 삼단, 또 오단, 빤스 두 개 벗겠다, 또 난리 나지 또. 그런데요. 그 천사가 말이야 참 신기하대요. 그게? 양쪽에 어깨 이쪽으로 날개를 딱 펴고 서 있어요. 우리가 구약 시대의 법궤를 보면, 법궤에 그룹 천사가 이렇게 덮고 있잖아요. 그 박스(box) 속에 말씀이 있어서 그래요. 십계명 말씀이. 하나님의 말씀은 천사가 파수한다는 거예요. 여러분 속에 있는 말씀의 연합 때문에 천사들이 날개를 편답니다. 아멘. 100 프로 그런 일이 일어날지어다. 이거는 사람의 힘으로 못할 일이라니까요? 여러분과 제가 하는 이 사역은 인간의 힘으로는 안 되는 거라니까요? 이건 초자연적인 역사가 동원돼야 해요. 초자연적인 역사가 동원돼야 역사가 일어나는 거예요. 할렐루야요? 아멘이요?

6. 간증 – 대구 홍동명 목사가 만난 천사

대구의 홍동명 얘기, 여러분, 잘 알잖아요? 홍동명? 아멘. 이거는 뭐 몇 년 전에, 한 사오 년 전에 일어난 일이니까. 홍동명 얘기 보세요. 그게 천사란 말이에요. 대구의 홍동명 목사하고 요즘도 뭐 하루에 한 번씩 통화하는데, 응? 홍동명 목사 그게요 자기 아버지가 장로란 말이에요. 장로예요. 장로 집안에 태어났지? 거기다가 또 총신을 나왔으니 골때려요. 골때려. 그렇게 골때리는 건 처음 봤어요. 아주 못돼 먹

었어요. 애가. 그런데 분당의 최요한 목사 교회에서 그때 우
리 집회했잖아요? 집회하는데 홍동명이 이상민을 데려왔단
말이에요. 이상민이 말이야 대구 서문교회 자기 아버지 이
성헌 목사님을 이어받아서요. 이성헌 목사님이 대구 서문교
회에서 약 45년을 목회했어요. 45년을 목회했는데, 이성헌
목사님이 요즘 설교한 것이 동영상이 돌아다니잖아요? 우
리 교회 홈페이지에 다 올려놨어요. "나는 목회 실패했다."
그분은 경북 대구를 대표하는 교회를 세운 분이에요. 그런
데 그분이 요즘 설교해요. 원로 목사 은퇴했지? 은퇴했는데
"나는 목회 실패했다." 이런 고백의 설교를 하고 다녀요. 이
성헌 목사님이 "나는 목회 실패했다. 젊은 목사님들이 나처
럼 목회하지 마라." 그분은 대구 서문교회에서 45년 목회를
했고, 그리고 합동측 총회장도 했고, 그리고 총신대 설교학
교수였어요. 그래서 그 시대에 대한민국 설교의 쌍두마차가
하나는 곽선희라 그랬고 하나는 이성헌이라고 그랬어요. 이
성헌 목사님 설교가 아주 감성적으로 아주 매끈하게 설교를
잘한단 말이에요. 그 교회에 내가 부흥회를 하러 갔잖아요?
그 교회를 갔는데 내 부흥회 하는 걸 보고 이 어른이 뒤집어
진 거예요. 그 설교학 교수님, 일생 총신의 설교학 교수님
하신 분이 그때 내 설교하는 걸, 부흥회 하는 걸 보고 이상민
자기 아들한테 설교하려면 저렇게 하라는 겁니다. 어떻게
하냐니깐 전광훈 목사는 미쳤다는 거예요. 설교에 미쳤다는

거예요. 내가 거기서 6주 연타했잖아요? 6주 연타? 대한민국의 기록이에요. 기록. 아니 여러분, 어떻게 집회를 6주 연타로 합니까? 6주 연타를. 인간의 힘으로는 안 돼요. 이거는 성령과 천사가 나를 수종해 줘야 해요. 체력적으로도 안 돼요. 체력적으로도 6주 연타를 집회한다는 것이, 그것도 뭐 한 시간 동안 잠깐 설교하는 것도 아니고 원고 써서 한 시간 읽고 그만두는 것도 아니고 한번 시작하면 밤 열두 시까지 그걸 6주 연타를 설교한다는 것이 사람 힘으로 되겠습니까? 초자연적인 역사죠. 맞지요? 현장에서 있었던 여러분도 다 봤지만. 그래서 천사가 수종 든단 말이에요.

그런데 그 홍동명 목사가 그때 같이 여기 분당의 최요한 교회에 와서 꼭 안수해 달라 그래요. 안수해 달라고. 밥 먹으면서 식당에서 안수해 달래. "야! 안수를 아무 데나 하냐? 오늘 저녁에 설교할 때 자존심 다 버리고 너도 목사 나도 목사 맞짱 뜨면 안 돼. 하지 말고 정말 마음을 심령이 가난해야지. 나하고 친구라고 맞짱 뜨려고 하면 안 돼. 설교 중에 내가 불러낼 테니까. 앞으로 나와. 자존심 다 버리고. 그리고 무릎 꿇고 기도 받자." 그래서 기도 받았잖아요? 기도 받고 내려가서 뭔 일이 생겼냐고요? 그리고 저녁에 가서 집에 가서 잠을 자는데, 꿈속에 말이야 하얀 옷을 입은 사람이 나타난 거예요. 이게 천사란 말이에요. 천사. 하얀 옷을 입은 사람이. 꿈속에 그러면서 자기를 이렇게 딱 안으면서 아주 슬픔의 기도를 했어요. 천사도 사람을 위하여 기도 대신합니다. 옥화 테이프에도 그렇게 나와 있잖아요? '천사들이 우리를 위하여 저렇게 기도를 대신하거늘 성도들이 이걸 알지 못한다.' 이렇게 돼 있잖아요? 그래서 그러면서 뭐라고 흰옷 입은 사람이 기도하냐? "하나님, 이 종을 불쌍히 여겨 주시옵소서." 안고 말이에요. 그 순간에 입에서 방언이 터졌다. 방언이 터졌는데 꿈속이에요. 방언이 터졌는데 깨어보니까 실제로 방언을 계속하고 있는 거예요. 이게 옛날에 뭐 50년 전에 일어난 일이 아니고 불과 5~6년 전 일이에요. 홍동명이 지금도 전화 와요. 아멘입니까? 그래서 그 홍동명이 그다음 주일날 자기 장로님 아들이 군대 갔는데 군대 가서 눈이 실명돼서 돌아왔어요. 눈이 전혀 안 보이는 거예요. 돌아왔는데 주일날 설교하다 내려와서 안수하는데 눈이 열린 거예요. 소경의 눈이 확 열려버렸다. 아멘. 할렐루야요? 그래서 새벽에 나한테 전화 왔어요. 진 목사, 이게 어떻게 된 일이냐고, 어찌 이런 일이 생기냐, 그랬어요. 자기는 특별한 신유 사역자들에게만 일어나는 줄 알았대요. 아니라니까? 말씀과 연합하면. 따라서 합니다. <u>연합하면.</u> 여러분에게는 다 누구에게든지 이 좌우에 날 선 검이 따르게 돼 있어요. 날 선 검이 따른단 말이에요.

그 사건 이후로 이 홍동명 목사가요, 천사처럼 바뀌었어요. 성질이. 인간 자체 성품이 완전히 가루처럼 바뀌었어요. 그전에는요 개가 보통 못된 애가 아니에요. 누구하고 말을 못 해요. 싸워서 말을 못 해. 완전히 바뀌었어요. 한 달 전에도 내가 그랬어요. "야, 홍 박사, 내 말 잘 들어봐. 너, 나한테 안수받기 전에 그때 너 자연적인 성품이? 그때도 목사야. 그때 네가 얼마나 성질이 개지랄이었는지 알고 있냐?" 그랬더니, "아이, 좀 성격이 좀 그랬지." "좀 그런 게 아니야. 너는 인간이 아니었어. 너는. 너는 인간 자체라고 할 수가 없는 인간이야." 그렇게 자기가 성질이 그랬냐는 거예요. "그렇다니까. 그리고 너를 놓고 대구 주위에 있는 네 친구 목사들이 어떻게 흉봤는지 알아? '홍동명 새끼는 인간이 아니야.' 그랬어. 너 혼자만 모르고 있었어." 그런데 그날 밤중에 일어난 그 사건 때문에요, 사람 자체가 달라졌어요. 사람 자체가 완전히 천사로 바뀐 거예요. 그런 역사가 일어날지어다. 따라서 합니다. 주여, 열어 주시옵소서. 여러분에게 날 선 검이 나타날지어다.

Ⅳ.
좌우에 날 선 검을
인정하고 사모하자

1. 하나님 말씀과 연합하자

그래서 말씀을 선포할 때 그 천사의 검. 따라서 합니다. <u>천사의 검.</u> 사도행전에 사도들이 움직일 때 봐요. 천사들이 수행하잖아요? 천사들이 사도들과 함께 따라다닌단 말이에요. 따라서 합니다. <u>성령의 검.</u> 하나님의 성령이 함께 흘러요. 흐름을 탄단 말이에요. 모든 여러분의 말씀 선포하는 현장에 그런 일이 일어날지어다. 따라서 합니다. <u>주여.</u> 할렐루야. 큰 역사가 일어나기를 바랍니다. 그 모든 앞에는 하나님의 말씀과의 연합이 있어야 합니다. 그래서 하나님 말씀은 좌우에 날 선 검이 있어서 역사한다 이거예요.

내 장항에서요? 장항. 충청도 장항 있잖아요? 장항에서 부흥회 할 때도요, 이야, 기적이 일어나대? 내가 성격상 내 집회할 때 일어난 기적들에 대해서 여러분에게 내가 설명을 잘 안 하잖아요? 나는 내 성격상 설교하기도 바빠서. 그런데 표적과 기사가 말할 수 없이 일어나요. 내가 저기 안양에 가서 부흥회 할 때는요, 새벽에 천사가 나타나서 내 옷을 다 입혀버렸어요. 이런 얘기를 하려고 하면 또 이게 끝이 없어요. 하도 몸이 피곤해서 그냥 누웠단 말이에요. 새벽 기도를 갈 힘이 없는 거예요. 그런데요? 딱 천사가 내려와서 내 옷을 다 입혀놔서 다 일으켜 세워놨어요. 이렇게. 성경까지 손에 다 들고. 소련의 순교자 이반(Ivan Vasilyevich Moiseyev) 그 순교자와 똑같은 일이 일어났어요. 똑같은 일이 일어나요. 체험할지어다.

2. 좌우에 날 선 검을 인정하고 사모하자

그래서 이런 일을 여러분이 인정해야 나타나요. 인정 안 하면 잘 안 나타나요. 인정하면. 따라서 합니다. <u>인정하면. 사모하면.</u> 사모하고 인정하면 이런 일이 계속 점점 더 세게 나타난다 이거예요. 사모하고 인정하는 사람에게는 날 선 검이 나타나요. 의심하거나 미지근하거나 이렇게 하면 이게 잘 안 나타나요.

그리고 천사들이 활동을 안 해요. 천사의 활동은 여러분이 움직이는 대로 천사도 함께 움직여요. 찬송을 부르죠? 찬송을 부르면 천사들이 다 춤을 춰요. 여러분 옆에서 천사들이 춤을 춘다고요. 아멘. 할렐루야. 그래서 자기에게 배속된 주

인공이 하는 대로 천사들이 기뻐 뛰어요. 가만히 있으면 천사도 그냥 가만히 있는 거예요. 내가 하는 대로 같이 움직이는 거예요. 여러분, 놀라운 역사가 일어날지어다. 따라 해봐요. 주여. 다시요. 주여, 역사하여 주시옵소서. 할렐루야. 큰 역사가 일어나길 바랍니다. 아멘.

그런데 역사와 표적과 기사가 자꾸 꼬리를 물고 일어나요. 이게 역사도 내가 경험해 보면 집회해 보면요? 이게 이번 주에 역사 일어났죠? 그런데 거기에 대해서 관심을 가지고 기도하고 '야! 이번 주에는 뭔 일이 또 일어날까?' 기대해 봐요? 그럼, 꼬리를 물고 두 건이 일어나요. 그다음 주에 또 '야! 이번 주에 또 뭔 일이 일어날까?' 이렇게 기대하면 또 더 큰 일이 일어나요. 그런 일들이 팡팡 팡 터져 나간단 말이에요. 이해되십니까? 인정하십니까? 아멘. 두 손 들고 아멘. 따라서 합니다. 주여, 역사하여 주시옵소서. 할렐루야. 앞으로 여러분이 말씀의 파수꾼이 되어서 선포하는 현장에 천사의 검과 성령의 검이 항상 나타나서 파수하는 일이 일어날지어다. 〈천성을 향해 가는 성도들아〉입니다. 손뼉 준비. 역사하여 주시옵소서. 주여, 성령으로 기름 부어 주시옵소서.

찬송가 401장 〈천성을 향해 가는 성도들아〉

1. 천성을 향해 가는 성도들아
앞길에 장애를 두려 말아라
성령이 너를 인도하시리니
왜 지체를 하고 있느냐

(후렴) 앞으로 앞으로 천성을 향해 나가세
천성 문만 바라고 나가세
모든 천사 너희를 영접하러
문 앞에 기다려 서있네

2. 너 가는 길을 누가 비웃거든
확실한 증거를 보여주어라
성령이 친히 감화하여 주사
저들도 참 길을 얻으리

3. 너 가는 길을 모두 가기 전에
네 손에 든 검을 꽂지 말아라
저 마귀 흉계 모두 깨뜨리고
끝까지 잘 싸워 이겨라

3. 말씀의 지정의에 삼킨 바 되자

아멘. 따라 해봐요. <u>천사의 검.</u> 여러분, 이걸 이렇게 연상하면 돼요. 나는 환상을 본 일이 많기 때문에 환상에서 일어난 일을 말할 게 들어봐요. 성가대 지휘하는 것과 똑같아요. 성가대 지휘자가 앞에 딱 서서 손을 이렇게 하면 성가대원들이 어떻게 돼요? 벌떡 일어나지? 그다음에 지휘봉을 가지고 딱딱하면 피아노 치는 사람이 이 지휘봉을 보고 딱 시작하지요? 그다음에 노래 부르는 입들이 다 이 사람의 손에 다 놀아나죠? 똑같아요. 천사들이 어떻게 놀아나냐 하면 여러분이 움직이는 대로 그대로 따라 해요. 이걸 환상을 봐야 해요. 환상을 보면 실감이 난단 말이에요. 여러분이 움직이는 대로 천사가 그대로 움직여요. 참 신기하지요? 그래서 배속된 천사라고 그러는 거예요. 붙여진 천사라는 거예요. 믿습니까? 어쨌든 하나님의 말씀과 연합이 진하게 일어나서 지성의가 따로 놀지 말고. 따라서 합니다. <u>시, 정, 의.</u> 이게 제일 중요한 거니까 나의 지정의가 독립적으로 존재하지 말고 말씀의 지정의가 나의 지정의를 완전히 삼켜야 해요. 그러면 검들이 나타나요. 그러나 우리의 지정의가 하나님 말씀의 지정의에 감전되지 않고 따로 놀 때는 이건 능력도 떨어져 버려요. 여러분의 지정의를 항상 말씀의 지정의에 딱 붙여놓기를 바랍니다. 아멘이십니까? 시온의 대로가 열릴지어다. 큰 역사가 이루어질지어다.

두 손을 높이 드시고, "주님, 내게도 붙여 주시옵소서. 날
선 검을 붙여 주시옵소서. 시온의 대로를 열어 주시옵소서.
내가 주님의 말씀의 지정의와 연합하겠나이다." '주여' 삼창
하며 기도하겠습니다. 주여! 주여! 주여!

04

내 말이 너희 안에 거하면

설교 일시 2017년 11월 1일(수) 낮 집회

장   소 실촌수양관

대   상 청교도 말씀 학교 목사, 사모

성   경 마태복음 8:1-8

1 예수께서 산에서 내려 오시니 허다한 무리가 좇으니라

2 한 문둥병자가 나아와 절하고 가로되 주여 원하시면 저를 깨끗케 하실 수 있나이다 하거늘

3 예수께서 손을 내밀어 저에게 대시며 가라사대 내가 원하노니 깨끗함을 받으라 하신대 즉시 그의 문둥병이 깨끗하여진지라

4 예수께서 이르시되 삼가 아무에게도 이르지 말고 다만 가서 제사장에게 네 몸을 보이고 모세의 명한 예물을 드려 저희에게 증거하라 하시니라

5 예수께서 가버나움에 들어가시니 한 백부장이 나아와 간구하여

6 가로되 주여 내 하인이 중풍병으로 집에 누워 몹시 괴로와하나이다

7 가라사대 내가 가서 고쳐 주리라

8 백부장이 대답하여 가로되 주여 내 집에 들어오심을 나는 감당치 못하겠사오니 다만 말씀으로만 하옵소서 그러면 내 하인이 낫겠삽나이다

Ⅰ.
청교도 말씀을 가르치자

아멘. 진실로 그러시면 아멘. 예수님 사랑하시면 아멘. 두 손 들고 아멘. 주님을 눈물 나도록 사랑하시면 아멘. 따라서 합니다. <u>주님, 사실입니다.</u> 진짜입니까?

자, 하나님의 말씀. 따라서 합니다. <u>하나님의 말씀.</u> 사람 속에는 육체 안에 그 무엇이 살고 있다. 그것을 우리는 영혼이라고 합니다. 영혼. 따라서 합니다. <u>영.</u> 영은 3대 기능을 가지고 있다 그랬어요. 따라서 합니다. <u>생각의 기능.</u> 다시요. <u>감정의 기능.</u> 따라서 합니다. <u>의지의 기능.</u> 그런데 이 세 기관을 가지고 있는 영이 가끔가다가 육체 밖으로 나갈 때가 있다. 나갈 때는 뭐를 통해 나간다? 말을 통해 나간다. 말. 너무 중요합니다. 말. 이게 얼마나 중요하기에 사상연구소에서 이걸 딱 찍어서 가지고 가겠어요? 여러분들만 이걸 별 볼 일 없는 걸로 생각하는데, 아니 하버드대학의 사상연구소가 그게 보통 연구소입니까? 그게? 1년에 돈을 수백억 쓰는 단체입니다. 그 단체가. 왜? 그 사람들은 그런 연구소를 많이 가지고요. 세계 연구소 중에 세계 70 프로가 미국에 있어요. 뭐 물리학 더하기, 뭐 다 마찬가지예요. 그 사람들이 이걸 중요하게 여기는 이유가 있어요. 왜냐하면 미국은 연구소를 많이 가지고 있는 게 특별히 이 사상연구소 이게 왜 중요하냐? 이 세상을 점령하기 위하여 정치, 제도, 또 사람, 장군, 별것이 다 등장해서 전쟁도 하고 뭐 하고 하잖아요? 그런데 결국은 이 세상을 점령하는 것은 뭐냐 하면 이념이에요. 이념. 이념이 점령한다 이거예요.

그래서 새로운 사상과 이념이 생기면 그걸 거둬들여서 연구하는 거예요. '앞으로 100년 후에 이 이론이 지구를 먹을까? 지구를 삼킬까?' 이걸 연구한단 말이에요. 그런데 거기에 이 주제가 들어갔다고요. 그러니까 이 주제가 100년 후에 가면 지구를 먹을지도 몰라요. 그러니까 사람들이 이것을 스카우트(scout)해 가지요. 그런데 여러분들만 다 시쭈구리 해서 말이야 별 볼 일 없는 것처럼 말이야. 저작권 받으라고요? 저작권은 내가 여러분부터 먼저 받아야겠다. 저작권을 내가 여러분부터 먼저 받아야지. 이거 무슨 뭐 되겠냐? 이거? 저작권 안 받을 테니까 제대로 삼키기를 바랍니다. 이 말을 잘 들은 사람은 여러분은 세계를 점령할 수 있어요. 나는 단념코 확신하노니 청교도 말씀이 세계를 점령합니다. 여기서 증거되는, 이 말씀학교에서 증거된 말씀 외에는 없어요. 없다니까요? 다 부도났어요. 뭐 남미고 아프리카고 뭐 다 부도났어요. 다 부도났어요. 뭐 없어요. 신학교고 뭐고,

다 부도났어요. 2천 년 동안 기독교의 가르침이 이슬람 동성애 차별 금지에 처참하게 무너졌잖아요? 지금 유럽이고 뭐고? 그럼 끝난 거지. 뭘 가르쳤길래? 뭔 불량품을 가르쳤기에? 참, 주님의 진리의 말씀이 사단에게 졌단 말이에요. 여기에 대항할 수 있는 길은 청교도 말씀밖에 없어요. 두고 보라니까요? 여러분은 괜히 시쭈구리 하지만 청교도 말씀밖에 없다니까요? 오늘도 이 말씀의 주제를 100 프로 내 것으로 만드십시오. 그럼, 여러분의 말이 하나님의 말씀 같은 권위가 나갑니다. 팡팡 팡 튀어갈 줄 믿습니다. 할렐루야요?

<h1 style="text-align:center">Ⅱ.
말은 사람 속에 들어가
연합을 일으킴</h1>

1. 사람의 말

그래서 이 말씀을 잘 들어야 해요. 달달 다 외워야 해요. 사람 속에는 무엇이 살고 있다. 영혼은 세 가지 기능이 있다. 첫째, 뭐라고요? 생각. 그다음에? 감정. 그다음에? 의지. 그런데 이 영혼이 육체 밖으로 나올 때는 뭘 통하여 나온다고요? 말. 말을 통하여 나오기 때문에 이 말은 세 개를 싣고 나오는 거예요. 싣고. 당연히 영혼을 싣고 나온다고요. 말속에는 영혼이 실려 있다. 따라서 합니다. <u>말속에는 영혼이 실려 있다.</u>

그런데 사람으로부터 나온 이 말이, 3대 기능을 싣고 있는 말이, 생각의 기능과 감정의 기능과 결단의 기능, 지정의. 이 지정의가 말이야 이것이 다시 다른 사람 속으로 들어간다는 거예요. 들어가서 이 사람이 가지고 있는 영혼을 만지게 되는 거예요. 이 사람이 가지고 있는 영혼의 3대 기능, 따라서 합니다. <u>생각.</u> 다시요. <u>감정.</u> 따라서 합니다. <u>의지.</u> 여기에 달라붙는다 이거예요. 아멘. 달라붙어서 연합을 일으켜요. 연합. 따라서 합니다. <u>연합.</u>

자, 이 원리가 얼마나 중요하냐? 그 사람의 말이 들어가서 그 사람의 영혼을 점령한다고요. 그 사람 말을 딱 듣는 사람의 지정의에 붙게 된다, 이거예요. 믿습니까? 그러면 그 사람은요, 누구의 말을 접속시켰든지 그 사람의 능력이 나타나요. 그래서 내가 대표적인 말로 아인슈타인 얘기를 한 거예요. 아인슈타인의 상대성 원리 $\langle E=mc^2 \rangle$ 이거는 천지가 창조된 이후로 물리학을 현대 물리학과 과거 물리학으로 나

눈 분기점이에요. 아인슈타인 때문에 핵무기가 생긴 것 아닙니까? 몰라요? 알죠? 그런데 아인슈타인 말을 듣는 사람은 그 사람도 핵무기를 만드는 능력이 나타나요. 봐요. 말이 들어가면 동일한 능력이 나타나요. 어떤 사람의 말을 흡수하든지 그 사람과 동일한 능력이 나타나요. 대단하지요? 그래서 사람들이 책을 읽는 거예요. 나보다 더 나은 사람들의 책을 왜 읽느냐? 그 사람의 말이 내 속에 들어오도록 하는 거예요. 이해돼요?

2. 하나님의 말씀

사람의 말도 이렇게 되는 것처럼 하나님은 더해요. 하나님도 영이시다. 따라서 합니다. 영이시다. 그러니까 하나님도 영이니까 3대 기능이 당연히 있죠? 따라서 합니다. 생각. 다 시요. 감정. 따라서 합니다. 의지.

그런데 하나님의 본체도 하나님 보좌에 계시지만 하나님이 바깥으로 나올 때는 뭘 통하여 나오냐? 말씀으로. 하나님의 말씀으로 하나님은 바깥으로 외출한단 말이에요. 그러니까 하나님의 말씀도 당연히 하나님의 영을 싣고 나오기 때문에 하나님의 말씀 안에는 하나님의 생각이 녹아있어요. 하나님의 말씀 안에는 하나님의 감정이 거기 녹아있어요.

하나님의 말씀 안에는 하나님의 의지가 실려 있어요. 이 하나님의 말씀이, 지정의를 가진 말씀이, 하나님의 말씀의 지정의가 사람 속으로 들어간다 이거예요. 사람 속으로. 여러분과 내 속으로 들어와요. 들어와서 나의 영혼을 만져요. 내가 가지고 있는 지정의에 달라붙어요.

달라붙어서 뭐 하나? 연합을 일으켜요. 연합. 아멘. 하나님의 말씀의 지정의가 여러분의 지정의를 먹으려고 해요. 허락하실래요? 사람의 말을 연합하는 것보다 하나님 말씀을 연합합시다. 그러면 이 사람은요, 연합된 사람, 이 사람은 하나님의 능력이 나타나는 게 아니라 그 사람이 하나님 자체가 된다고 그랬어요. '말씀을 받은 자는 곧 신이라 하였거늘.' 여러분과 제가 하나님의 격으로 올라가는 거예요. 그러니까 능력이 나타날 수밖에 없지요. 할렐루야.

3. '내 말이 너희 안에 거하면' – 지정의를 먹힘

예수님도 이것을 우리에게 확인시켜 줬어요. 따라서 합니다. "나를 믿는 자는 내가 한 일을 너도 할 것이오." 예수님과 같은 격으로 우리를 통하여 나타난다는 거예요. 원리가 뭐냐 하면, 특별히 요한복음 봐요. '너희가 내 안에 거하고 내 말이 너희 안에 거하면.' 내 말이 너희 안에 거한다는 것은 뭐냐? 말씀의 지정의가 나의 지정의를 먹었다! 이 상태를 말씀이 너희 안에 거한다고 하는 거예요. 아멘. 추상적으로 생각했던 것이 구체화 되기를 바랍니다. 내 말이 너희 안에 거한다. 그게 뭔 말일까? 너희가 내 안에 거하고 내 말이 너희 안에 거하면 무엇이든지 원하는 대로 구하라. 네가 마치 하나님 같은 그런 방불한 일을 하리라. 아멘.

그런데 이 말이 무엇인가? 너희가 내 안에 거하고 내 말이 너희 안에 거한다는 것이 이게 뭔가? 이것이 구체화 된 사건이 뭐냐? 바로 지정의의 원리예요. 하나님 말씀의 지정의가 내 지정의를 먹었다. 붙잡았다. 이 상태를 '거하고' 그렇게 말한 거예요. 따라서 합니다. <u>거하고.</u> 할렐루야. 그러므로, 오늘 이 시간에 여러분이 가지고 있는 독립된 지정의가 다 여러분은 주님 말씀의 지정의에 붙을지어다!

그런데 주님 말씀이 여러분의 지정의를 못 먹어요. 여러분의 지정의가 원체 사단화 해 있어서요. 사단과 연합돼 있기 때문에 주님 말씀의 지정의가 못 붙어요. 착상을 못 일으키는 거예요. 그러니까 사역자들이 빌빌하는 거예요. 그러나 오늘은 우리는 한번 승천해야 해요. 놀라운 역사가 일어나야 해요. 동의하십니까? 아멘. 두 손 들고 아멘. 할렐루야.

4. 마귀의 말과 연합한 자는 마귀

사단도 동일합니다. 따라서 합니다. <u>마귀도 영이다.</u> 마귀도 지정의를 가지고 있어요. 지정의를 가지고 있는데, 이 마귀도 바깥으로 나올 때는 말을 통하여 나와요. 마귀의 말이 가룟 유다 속에 들어가는 거예요. 어제 낮에 여러분, 정말 잘 들으셨지요? '떡을 떼어 가로되 이 떡을 받는 자가 곧 마귀니라.' 그 떡이 뭐냐? 하나님의 말씀이에요. 예수의 성찬식에 대한 의미를 모르고 떡을 먹으면 사단이 붙는 거예요. 사단이. 그러니까 물 없는 곳으로 귀신이 다닌다 그랬잖아요? 다시 말해서, 여러분과 저의 지정의에 주님의 말씀이 안 붙으면 그거는 사단의 소유예요. 따라서 합니다. <u>중간은 없다.</u> 참, 얼마나 무서운 얘기예요? 따라서 합니다. <u>중간은 없다.</u> 대한민국에 있는 모든 사역자, 모든 목사님이 이 말을 여기 강의를 들어와야 해요. 자기가 주의 종이라고? 주의 종 같은 소리하고 앉았어요. 사단의 종이에요. 시정의가 넘어간 사람은 폐일언하고 사단의 종이에요. 그런데도 자기가 목사인 줄 알아요. 목사라고 설교하고 앉았고 보면 아주 웃겨요. 너는 사단의 종이야. 주의 종이 아니야. 사단의 종. 목사 안수 받고 무슨 뭐 가운 입었다고 주의 종이 되는 게 아니야. 지정의를 네가 어떻게 관리했냐? 너의 지정의가 말씀의 지정의에 붙잡혀 있느냐? 아멘.

Ⅲ.
믿음 소망 사랑
: 주님의 지정의에 붙잡힘

1. 주님을 향한 사랑의 폭발

그러면 정말로 주님의 지정의에 내 지정의가 붙잡혀 있는 사람은 첫날 저녁에 내가 말한 게 있어요. 어떤 현상이 일어나느냐? 한번 따라 해 봐요. 믿음. 따라서 합니다. 소망. 사랑. 하나님의 말씀의 감정이 내 감정을 딱 먹으면 주님을 향한 사랑이 폭발해요. 사랑의 포로가 되는 거예요. 아멘. 왜 여러분이 주님을 사랑하는 강도가 뜨뜻미지근하냐? 주님의 말씀이 여러분 속에 착상이 안 돼서 그래요. 주님의 말씀이 착상되면 못 견뎌요. 사랑이 폭발하게 돼 있어요. 예수를 향한 사랑이. 아멘? 오늘 폭발할지어다. 주님을 향한 사랑이 강하게 안 일어나는 사람은 폐일언하고 말씀이 안 들어간 거예요. 말씀의 감정이 그 사람 속에 안 들어갔다 이 말이에요. 이해돼요? 자, 〈목마른 내 영혼〉 한번 불러보세요. 예수의 사랑입니다. 예수의 사랑. 아버지. 주님의 사랑이 폭발해야 해요.

찬송가 409장 〈목마른 내 영혼〉

1. 목마른 내 영혼 주가 이미 허락한
그 귀한 영생수 주여 갈망합니다
그 약속 따라서 힘써 간구하오니
오 주여 내 기도 어서 들어주소서

(후렴) 예수의 사랑 예수의 사랑
바다 물결같이 내게 임하니
영광의 물결에 온전히 싸여서
내 영혼의 기쁨 한량없도다

2. 주 내게 약속한 큰비 내려 주시려
은혜의 저 구름 건너편에 떠올라
그 귀한 징조가 내게 밝히 보이니
나 힘을 다하여 주께 간구합니다

3. 은혜의 소낙비 지금 흡족히 내려
구원의 큰 강물 흘러 차고 넘쳐서
내 추한 모든 죄 모두 씻어버리니
나 지금 은혜를 충만하게 받았네

4. 그 차고 넘치는 주의 은혜의 물결
힘차게 밀려와 내게 만족하오니
오 할렐루야로 주를 찬송하오니
내 맘에 기쁨이 항상 충만함이라

아멘. 여러분, 주님의 사랑이 여러분의 지정의를 감싸길 바랍니다. 이래야 코팅이 돼야 이게 사단의 말이 내 속에 들어오지를 못해요. 주님의 사랑에 우리는 늘 감전돼 있어야 해요. 아멘. 예수의 사랑에 내가 늘 이렇게 팽팽하게요. 지금 사과 계절이라 사과가 빨갛게 익은 것처럼, 여러분이 지금 목사님, 사모님이 첫사랑 할 때 그때 타올랐던 그 감정, 그것이 예수를 향하여 그렇게 돼야 합니다. 항상 그 상태로요. 아멘. 말씀이 내 지정의와 연합되어야 그런 일이 일어나는 거예요.

2. 새 예루살렘을 향한 강렬한 소망

따라 해요. 소망. 주님을 향하여 바라봄, 특별히 새 예루살렘을 향하는 마음. 여러분 가슴에서 새 예루살렘을 향하는 새 예루살렘의 충동이 느껴지지 아니하면 말씀이 여러분의 지정의에 못 들어가서 그런 거예요. 말씀이 들어가면요? 내 속에서 새 예루살렘을 향하여 기대하는 소망이요? 따라서 합니다. 소망. 이 소망이 여러분, 이 땅에서 뭐가 될 것에 대한 소망을 말하는 게 아니에요. 이 소망은 새 예루살렘을 향한 소망이에요. 기독교인들이 주님의 지정의가 내 지정의를 삼킨 사람은 새 예루살렘에 날마다 사로잡혀 산단 말이에요. 믿습니까? 지금 저 서정희 뒤에 와 있는데, 요즘 나한테 뒤지도록 욕먹고 있어요. 돈을 10억 헌금해도 내가 뒤지도록 뭐라 그래요. 왜냐하면, 푹 꺼졌다 이거예요. 새 예루살렘을 향한 이 속의 가슴에 벅참이 이게 안 보이면 내 앞에는 죽어요. 소용없어요. 뭐 그거는요? 뭐 서정희고 뭐고 없어요. 내 앞에는 내 주위에 가까이 오는 사람은 이 말씀의 원리에서 조금만 늘어진다? 그거는 죽어요. 남순희 그거는 한칼에 죽어요. 한칼에 죽어요. 내 옆에 오는 사람은 항상 열아홉 살의 마음으로 와야 해요. 주님을 향하여 항상 달아올라야 해요. 새 예루살렘을 향하여. 여러분도 마찬가지예요. 육신의 나이는 늙어도 심령은 늙으면 안 돼요. 주님을 향한 새 예루살렘을 향한 그 기대감, 그것이 다잖아요? 다? 그것이 다지 뭐냐고요? 아멘.

그러니까 주님을 향한 사랑이, 사도바울이 뭐라고 말했어요? "그리스도의 사랑이 나를 강권하는도다." 강권한다는 말의 헬라 원어가 미친다는 말이에요. 그다음 뒤에 해설 해놨어요. 내가 미쳐도 누구를 위하여? 온전하여도 누구를 위하여? 그 앞을 두 개를 연결하면 내가 그리스도의 사랑에 미쳤다, 이거예요. 바울은 그렇게 미치는데, 여러분과 저는 안 미치면 안 되지요? 우리도 그렇게 돼야지요?

그러니까 여러분의 지정의를 여러분이 스스로 독립적으

로 관리하려고 하면 사단의 밥이에요. 사단의 밥. 뭐라고요? 사단의 밥이라고요. 주한미군이 한국 떠나면 한국은 그대로 북한의 밥이에요. 지키는 자가 있어야 해요. 그와 같이 말씀의 지정의가 내 지정의에 붙으면 나를 지키는 거예요. 잠언에 보면, '네 마음을 지켜라.' 뭐 이런 말들이 그게 다 이 원리를 말하는 거예요. 우리가 우리 마음을 어떻게 지켜? 지킬 수 없어요. 그러나 말씀의 지정의가 내게 오면 우리는 지킬 수 있어요. 아멘. 두 손 들고 아멘. 할렐루야. 여러분 속에 주님의 사랑이 폭발하기를 바랍니다. 성경 읽어도 말씀을 들어도 말씀의 지정의가 내게 와서 내 지정의를 삼키지 못하면 내 지정의에 붙지 아니하면 성경 따로 있고 내 심령은 따로고 아무 감각이 없고 성경 읽어도 눈물도 안 나고 주님을 보고 싶어지지도 않고 주님에 대하여 불타는 사랑도 없고, 헛방이에요. 헛방. 그거 다 헛방이란 말이에요. 헛방.

그래서 부흥사들 설교와 목회자들 설교가 뭐가 다르냐? 부흥사들 설교는 주님의 지정의를 전달해요. 그래서 성도들이 울게 만들어요. 부흥사들의 설교는 주님의 감정이 성도들의 감정 안에 들어가게 해요. 목회자들의 설교는요, 머리 싸움하다 끝나버려요. 성도들에게 주님의 지정의를 못 밀어 넣어요. 순 머리싸움만 하고요? 무효예요. 무효. 그래서 부흥사들의 설교가 능력이 있는 거예요. 왜? 지정의를 밀

어 넣기 때문에. 그것도 모든 부흥사 말고. 요즘 부흥사들도
다 부도 나서 부흥사들 설교가요, 목회자들 설교만도 못해
요. 다 뻥이에요. 다 뻥이야. 옛날에는 부흥회 한번 하면요,
성도들을 다 미치게 만들어 버린 거예요. 성도들을 다 미치
게 만든다고요. 부흥회 한번 하면 완전히 성도들의 지정의
가 하나도 자기가 가지고 있지 않고 다 주님의 말씀의 지정
의가 점령하도록, 옛날에는 부흥회를 그렇게 했단 말이에
요. 여러분도 그렇게 하길 바랍니다. 나는 그래서 주일날 설
교도 내 설교 딱 듣고 우리 교회 예배드리면, 성도들이 다 미
쳐요. 다 성도들이요, 주님의 사랑에 동하게 만듭니다. 그것
도 늙은 할머니, 할아버지 그들만 그런 게 아니에요. 우리는
청년들이 다 울어요. 청년들이. 아멘. 그렇게 될지어다.

3. 반석 같은 믿음이 일어남

어젯밤에 제가 좌우에 날 선 검에 대해서 말씀드렸어요. 한
시간 할 때마다 핵심 테마가 있어요. 말씀의 검. 따라서 합
니다. 성령의 검, 천사의 검. 이 두 검이 말씀을 파수한단 말
입니다. 설교할 때마다 성령이 나타나요. 그리고 천사가 나
타나야 해요. 이 두 검이 파수해 간다 이거예요. 아멘. 할렐
루야. 두 손 들고 아멘. 〈주님의 손길〉이요. 주여, 내 속에
주님의 사랑이 폭발하게 하여 주시옵소서. 주님을 향한 사

랑이 주님이여, 일어나게 하여 주시옵소서.

⟨주님의 손길⟩

1. 주님의 손길 생명빛 되네 눈먼 자 광명 찾았네
   놀라운 손길 날 위로하네 빛으로 인도해
   놀라운 은혜 나에게 주사 새 생명 받았네
   놀라운 손길 나 찬양하네 영원토록 찬양해
   오 주 그 놀라운 주 손길 오 주 은혜로운 주 손길

   (후렴) 놀라운 은혜 나에게 주사 새 생명 받았네
   놀라운 손길 나 찬양하네 영원토록 찬양해

2. 주님의 말씀 능력이 되네 믿는 자 치료 받았네
   놀라운 말씀 날 치료하네 빛으로 인도해
   놀라운 은혜 나에게 주사 새 생명 받았네
   놀라운 손길 나 찬양하네 영원토록 찬양해
   오 주 그 놀라운 주 말씀 오 주 은혜로운 주 말씀

3. 주님의 보혈 속죄가 되네 갇힌 자 해방 되었네
   놀라운 보혈 날 구원하네 빛으로 인도해
   놀라운 은혜 나에게 주사 새 생명 받았네
   놀라운 손길 나 찬양하네 영원토록 찬양해
   오 주 그 놀라운 주 보혈 오 주 은혜로운 주 보혈

<모든 만민들아>

모든 만민들아 주를 찬양하여라
위대하신 우리 주님을
소리 높여 찬양해 우리 주 예수 찬양하라
찬미 주 할렐루야 찬미 주 할렐루야 할렐루야
찬미 주 할렐루야 찬미 주 할렐루야 할렐루야

이찌에꺼슝 짠메이 떠우꾸이 워주워디션
니스페이더 꺼슝위 주짠메이
워먼까오성 후안까 쥐예수즈밍 하리루야
짠메이주 하리루야 짠메이주 하리루야 하리루야
짠메이주 하리루야 짠메이주 하리루야 하리루야

<마지막 날에>

마지막 날에 내가 나의 영으로
모든 백성에게 부어 주리라
자녀들은 예언할 것이요 청년들은 환상을 보고
아비들은 꿈을 꾸리라 주의 영 임하면
자녀들은 예언할 것이요 청년들은 환상을 보고
아비들은 꿈을 꾸리라 주의 영 임하면
성령이여 임하소서 성령이여 우리에게 임하소서

박수로 하나님께 영광이요. 아멘. 예수님 사랑하시면 아멘. 두 손 들고 아멘. 하나님 말씀의 지정의가 나의 지정의를 삼키면, 그 사람은 행복한 사람이에요. 사랑이 폭발한다. 새 예루살렘에 대한 소망이 폭발한다. 그리고 믿음. 따라서 합니다. 믿음. 의지가 연합되면, 주님의 의지와 내 의지가 하나가 딱 되면 강력한 반석 같은 믿음이 일어나요.

IV.
말씀의 지정의에 온전히 먹히자

1. 예수에게 사로잡혀 물 위를 걷자

이렇게 세 가지가 주님께 감전된 사람, 다시 해봐요. 지. 정. 의. 이것이 감전된 사람은? 이제 말씀의 적용이란 말이에요. 어젯밤에 내가 성령의 검과 천사의 검에 대해서 말했어요. 어떤 일이 일어나는지 잘 보십시오. 이 원리를 다 이해해야 해요. 이렇게 셋업 되면 어떤 일이 생기느냐? 자, 보세요. 오늘은 이게 어떻게 적용이 일어나는지 보세요.

하루는 우리 예수님이 갈릴리 바다를 제자들보고 배 타고 가라 그랬어요. 그래서 제자들이 배에서 열두 명이 옹기종기 모여서 배를 타고 가는 거예요. 가는데 풍랑이 일어났어요. 풍랑이 일어나는데 배가 견딜 수가 없어요. 그래서 난리 났어요. 그런데 밤중에 예수님이 반대편에서 물 위로 걸어오고 있는 거예요. 아멘. 그래서 처음에는 유령인 줄 알았어요. "유령이로다!" 그런데 주님이 나라고 했어요. "나니 안심하라" 그랬어요. 그래서 앞에 있는 베드로가 "주시거든 나를 오라 하소서." 베드로가 배에서 뛰어내렸어요. 뛰어내렸더니, 베드로가 물속으로 내려가는 것이 이게 정상인데, 이게 물리학이란 말이에요. 그런데 베드로가요, 예수님과 똑같이 물 위를 걷게 된 거예요.

그럼 어떻게 사람이 예수님같이 물 위를 걷게 되느냐? 어떻게 이런 일이 일어나느냐? 이때 베드로는 본정신이 아니에요. 이미 베드로의, 따라서 합니다. 지. 정. 의. 이것이 완전히 예수에게 사로잡힌 겁니다. 인간의 본정신은 없어졌어요. 이 사람만이 물 위를 걸을 수 있어요. 여러분과 저도 물 위를 걷는 목회, 물 위를 걷는 역사, 이런 삶을 살기를 원하시면 아멘. 여러분과 나의 지정의가 주님께 삼킨 바가 되면, 초자연적인 인생을 살게 된다! 이런 일이 일어난다! 이런 일이! 믿습니까? 오늘 이 시간에, 이 집회 끝나고 난 뒤에도 다 그렇게 되기를 바랍니다. 아멘.

　그래서 갈릴리 바다에서 일어난 이 상황은 어떻게 그렇게 될 수 있을까? 넉넉히 될 수 있어요. 하나님이라 그랬잖아요? 이 말을 받은 자는 곧 하나님이 되리라. 그러니까 예수님이 물 위로 걷는 걸 보고 베드로도 같이 걷는 거예요. 나머지 열한 제자들은 배 바깥으로 못 나갔어요. 왜 못 나갔냐? 지정의를 자기가 가지고 있는 거예요. 인간적 생각에서 못 벗어나는 거예요. 두려워서 오히려 나가는 베드로를 붙잡고 허리띠를 붙잡고 “야! 이 새끼야! 정신 차려! 너 어딜 가?” “예수가 걷잖아.” “예수는 예수니깐 걷지 이 새끼야. 넌 사람이야. 넌 나가면 죽어.” 그래서 이게 이 제자들은 다 본정신 가진 놈이고 베드로는 본정신이 아니에요. 여러분은 어느 쪽에 속할지를 선택해야 해요. 베드로 쪽에 속하실래요? 두 손 들고 아멘. 따라서 합니다. <u>지정의가 말씀의 지정의에 삼킨 바가 되자.</u> 본정신으로는 이 사업 못해요. 여러분이 지금 본정신 가지고 이 목회를 할 수 있다? 본정신 가지고 하니까 못하는 거예요. 목회가 안 되는 거예요. 목회와 주의 일은 본정신으로 하는 게 아니요. 예수에게 미쳐야 해요. 예수에게 내 지정의를 뺏겨야 해요. 그때 기적이 일어나요. 초자연적인 역사가 일어나요. 아멘? 두 손 들고 아멘. 할렐루야. 다 물 위를 한번 걷기를 바랍니다. 옆 사람 다 손잡

고 해봐요. <u>물 위를 걸읍시다.</u> 아멘. 아무나 물 위를 걷는 게
아니에요. 지정의가 주님께 삼킨 자, 말씀의 지정의에 나의
지정의가 붙잡힌 자, 그 사람만이 물 위를 걸을 수 있어요.
〈할 수 있다 하신 이는〉입니다. 자, 물 위를 한번 걸어보
자. 우리도 한번 활짝 걸어보자. 아버지! 시온의 대로가 일
어날 거예요.

〈할 수 있다 하신 이는〉

1. 할 수 있다 하신 이는 나의 능력 주 하나님
  의심 말라 하시고 물결 위 걸으라 하시네
  할 수 있다 하신 주 할 수 있다 하신 주
  믿음만이 믿음만이 능력이라 하시네
  믿음만이 믿음만이 능력이라 하시네

2. 할 수 있다 하신 이는 나의 능력 주 하나님
  나를 바라보시고 능력 준다 하시네
  할 수 있다 하신 주 할 수 있다 하신 주
  사랑만이 사랑만이 능력이라 하시네
  사랑만이 사랑만이 능력이라 하시네

3. 할 수 있다 하신 이는 나의 능력 주 하나님
  주저 말라 하시고 십자가를 지라 하시네
  할 수 있다 하신 주 할 수 있다 하신 주
  희생만이 희생만이 능력이라 하시네
  희생만이 희생만이 능력이라 하시네

<성도들아 이 시간은>

1. 성도들아 이 시간은 은혜받을 기회로다
   성령님의 은혜 역사 우리 위에 임하셨네

(후렴) 기회로다 이 시간은 은혜받을 기회로다
   믿읍시다 받읍시다 이후에 기회를 믿지 마라

2. 마음 문을 활짝 열고 찬송하며 기도하세
   하나님의 은혜 말씀 왜 못 받아 드리느뇨

3. 타오르는 제단 위에 모든 죄 짐 던지어라
   성령불에 못 태운 죄 주님 가슴 태우누나

4. 구하여라 사모하라 겸손하고 순종하라
   은혜 깊은 하나님이 우리 더욱 사랑하리

5. 내일 아침 있다 해도 인명 생사 모르나니
   내 일생에 은혜 기회 늘 있는 줄 생각마라

2. 의심 말고 끝까지 완전히 삼킴 당하자

아멘. 할렐루야. 간추려 핵심의 지점을 말하면 여러분 속에 있는 지정의를 스스로 독립해서 가지면 돼요? 안 돼요? 안 되는 거예요. 거기는 아무 역사가 없어요. 그럼 어떻게 해야 하냐? 말씀의 지정의가 나를 먹어야 해요. 그 사람은 이 세상 사람이 아니에요. 그 사람은 하나님의 사람이에요. 사는 방식도 다르고 생각도 다르고 감정도 다르고 다 달라요. 그러니까 베드로처럼 물 위를 걷는 거예요. 이거 인간이 할 짓이냐고요? 물 위를 걷잖아요? 걷다가 베드로가 또 본정신이 들어왔어요. 걷다가 보니까 '어? 내가 지금 뭐 하는 짓이야? 내가 지금 물 위를 걷고 있잖아?' 여러분들도 가끔가다 또 인간의 본정신 들어가면 안 돼요. 한 번 붙잡히면 계속 가야 해요. 아멘. 계속 미친 상태로 끌려가야 해요. 가끔가다 본정신이 들어오니까 베드로가 '이거 뭐야?' 그러니까 베드로가 본정신 들어오자마자 꼬르륵 내려가요. 꼬르륵 내려가. 그래서 대가리 하나만 남았어요. "주여! 아버지여!" 그래서 예수님이 와서 베드로를 딱 건지면서 "왜 의심하였느냐?" 다시 말해서, 네 지정의가 왜 이탈하였느냐? 네 지정의가 처음에 뛰어들 때 말이야 신학교 갈 때는 미쳤는데, 그 이후에 본정신이 들었어. "너 왜 의심하였느냐?" 따라서 합니다. <u>왜 의심하였느냐?</u> 그러니까 우리는 주님의 말씀의 지정의에 완전히 삼켜야 해요. 이 사람만이 주의 일을 할 수 있어요. 이건 인간의 힘으로는 못할 일이에요. 이 사람만이 승리의 삶을 살 수 있어요. 시온의 대로가 열린다는 것이죠. 믿습니까?

3. 말씀으로만 하옵소서

그러니까 이제 우리 사역자들로 말하면 여러분 교회에 속한 모든 성도를 다 미치게 해야 합니다. 그들의 지정의. 따라서 합니다. 지. 정. 의. 따라서 합니다. 생각. 감정. 결정. 그 모든 것은 그들이 스스로 가지고 있게 하면 안 되는 거예요. 안 되고 그들이 가지고 있는 모든 지정의를 예수가 먹게 해야 하는 거예요. 예수가 점령하도록 해야 해요. 그래야 성도들의 삶 속에서도 기적이 일어나요. 성도들도 믿음으로 사는 원리를 알게 됩니다. 믿습니까? 오늘 여러분들이 다 이 말씀에 공감하기를 바랍니다. "이야! 저게 원리가 저렇게 되는구나!" 이 말씀에 여러분이 다 삼킨 바 되십시오. 그러면 대한민국이 살아요. 여기 있는 여러분들만 다 주님의 지정의와 하나가 딱 돼봐요. 대한민국이 산다고요. 아멘. 자, 마태복음 제8장입니다. 1절부터 읽으시면, 시작.

(마태복음 8:1-8)

1. 예수께서 산에서 내려 오시니 허다한 무리가 좇으니라

2. 한 문둥병자가 나아와 절하고 가로되 주여 원하시면 저를 깨끗케 하실 수 있나이다 하거늘

3. 예수께서 손을 내밀어 저에게 대시며 가라사대 내가 원하노니 깨끗함을 받으라 하신대 즉시 그의 문둥병이

깨끗하여진지라

4. 예수께서 이르시되 삼가 아무에게도 이르지 말고 다만 가서 제사장에게 네 몸을 보이고 모세의 명한 예물을 드려 저희에게 증거하라 하시니라

5. 예수께서 가버나움에 들어가시니 한 백부장이 나아와 간구하여

6. 가로되 주여 내 하인이 중풍병으로 집에 누워 몹시 괴로와하나이다

7. 가라사대 내가 가서 고쳐 주리라

8. 백부장이 대답하여 가로되 주여 내 집에 들어오심을 나는 감당치 못하겠사오니 다만 말씀으로만 하옵소서 그러면 내 하인이 낫겠삽나이다

따라서 합니다. <u>말씀으로만 하옵소서.</u> 그러니까 지정의가 주님께 감전된 사람은 '예수가 하는 일을 저도 할 것이요'. 그러니까 우리의 지정의기 말씀에 삼킨 바가 되는 위력이 이렇게 크다, 이 말이에요. '말씀으로만 하옵소서'. 아멘. 따라서 합니다. <u>'너희가 내 안에 거하고 내 말이 너희 안에 거하면.'</u> 아멘. '거하면 산을 들어 바다로 옮겨져라 해도 그대로 될 것이오.' 어떻게 사람의 말이 그렇게 능력이 있을까? 그것은 내 말은 이미 내 말이 아니라 나의 지정의가 말씀에 삼켜졌기 때문입니다. 믿습니까? 손가락 다 나처럼 이렇

게 만들어 봐요. 여러분이 다 지정의가 주님께 감전된 줄 믿고 명령하는 거예요. 따라서 합니다. <u>예수 이름으로 명하노니 사단아, 물러가라!</u> 이것은 능력으로 나타나는 거예요. 다시 한번. 다시. <u>예수 이름으로 명하노니 우리 교회는 부흥될지어다!</u> 다시 해봐요. <u>예수 이름으로 명하노니 병마는 고쳐질지어다!</u> 할렐루야. 따라 해 봐요. <u>예수 이름으로 명하노니 우리 성도들 앞길에 시온의 대로가 열릴지어다!</u> 아멘. 우리의 지정의가 주님께 감전이 되면 이런 것들이 다 현실화로 돌아설 줄 믿습니다. '의심하지 말라. 내 말한 것을 믿고, 믿으면 그대로 되리라.' 믿습니까? 할렐루야? '실로암'을 한번 불러보겠습니다. 주여. 아버지여 믿습니다. 내가 지금 주님의 말씀에 감전되었습니다. 내 가슴에 사랑이 폭발합니다. 믿음이 폭발합니다. 주님을 바라보며 폭발합니다. 나는 지금 사람이 아니라 주님 쪽으로 이사 갔습니다. 주여.

〈어두운 밤에 캄캄한 밤에〉

어두운 밤에 캄캄한 밤에 새벽을 찾아 떠난다
종이 울리고 닭이 울어도 내 눈에는 오직 밤이었소
우리가 처음 만난 그때는 차가운 새벽이었소
당신 눈 속에 여명 있음을 나는 느낄 수가 있었소
오 주여 당신께 감사하리라 실로암 내게 주심을
나에게 영원한 이 꿈속에서 깨이지 않게 하소서

두 손을 높이 들고, "주님, 나의 지정의를 삼켜 주시옵소서. 내가 내 지정의를 나 혼자 가지고 있지 않겠습니다. 주님의 말씀에 넘깁니다. 나도 병 고치게 하여 주시옵소서. 나도 물 위를 걸어보게 하여 주시옵소서. 이 시간 이후부터 일어나는 모든 일은 주님이 붙잡아 주시옵소서." '주여' 삼창하며 합심으로 기도합니다. 주여! 주여! 주여!

하나님의 말씀

초판 인쇄 2026년 4월 17일
초판 발행 2026년 4월 22일

설교　　　전광훈
구성·편집 류금주
펴낸곳　　주식회사 뉴퓨리턴

주소　　　서울특별시 성북구 장위로 40다길 19, 1층 106호(장위동)
대표전화 070-7432-6248
팩스　　　02-6280-6314
출판등록 제25100-2023-043호
이메일　　info@newpuritan.kr

ISBN　　　979-11-24200-06-3 (03230)